JN096247

新しい保育原理

広岡義之
[監修]

熊田凡子
[編著]

ミネルヴァ書房

監修者のことば

　21世紀に入って，すでに四半世紀が過ぎようとしています。すべての子ども
たちにとって希望に満ちた新世紀を迎えることができたのかと問われれば，お
そらく，否と言わざるを得ないでしょう。かえりみてエレン・ケイは1900年に
『児童の世紀』を著し，「次の世紀は児童の世紀になる」と宣言して，大人中心
の教育から子ども中心の教育へ移行することの重要性を唱えました。それから
120年以上経過した現在，はたして真の「子どもの世紀」を迎えることができ
たでしょうか。今一度，乳幼児と子どもの保育と教育を問い直し，いったい何
が実現・改善され，何が不備なままか，あるいは何が劣化しているかが真摯に
問われなければなりません。

　このような状況のもとで，教育および保育の学びのテキストを刊行できるこ
とは喜ばしいかぎりです。本書では，教職や保育職を真剣に目指す学生のため
に，基本的な理論はもとより，最新の知見も網羅しつつ，新しい時代の教育・
保育のあるべき姿を懸命に模索しようとしています。

　執筆者は卓越した研究者，実践者で構成されています。初学者向けの教科
書・入門的概論書として，平易な文章で，コンパクトに，しかも教育的本質の
核心を浮き彫りにするよう努めました。監修者と教育的価値観をともにする編
者の幹から枝分かれして，各専門分野のすばらしい執筆者が集い，実践に役立
つだけではなく本質についても深く考察した内容が，きめ細かく解説されてい
ます。

　本書がみなさんに的確な方向性を与えてくれる書となることを，心から願っ
ています。

2024年3月

広岡　義之

はじめに

　現代社会の保育を一瞥すると，つねに社会の問題が子どもの生活や育ちに関係しているといえます。世界的には，地球温暖化などの環境問題，差別などの人権問題，経済的格差拡大などの貧困問題，食料問題，分断や国家間の争いの問題など様々で，日本においても，経済力低迷，急速な少子高齢化，虐待，不登校，貧困家庭の問題など，子どもを取り巻く課題は深刻です。

　このような社会の問題に反映し，子育て家庭の孤立化，地域社会の希薄化，ときには園を迷惑施設のように言われるなど，またデジタル化によるスマートフォンやタブレットの多使用による本物に触れる機会の不足，共働き家庭，シングル家庭，低年齢からの保育の増加など，教育・保育の課題をあげていけば，多種多様な教育的課題や子育て問題が，私たちの周りには満ち溢れています。

　こうした課題に応じ，食育基本法の制定，教育基本法の改正，幼保一元化や認定こども園化等がされ，また2023年4月1日から内閣府の外局として「こども家庭庁」が設置，「こども基本法」が施行されました。「こどもまんなか社会」をスローガンに，「子どもの人権」が法的に位置づけられたのです。子どもを一人の人格として尊重することは，基本的な見方ですが，今ようやく，それが保育の営みを支える姿勢であることとして意義づけられたといえるでしょう。

　保育を学ぶみなさんは，どのような幼児期を過ごしましたか。また，どのようなことを覚えていますか。幼稚園，保育所（園），こども園など自分が通った場で，様々な人や物，出来事に出会って成長してきたことでしょう。子どもにとって，初めての社会が園であります。そこは，多様性に出会う場，地域社会に生きる場，社会とつながる場，何よりも大事に愛してくれる保育者と出会う場であります。

　受験社会を経験してきた方たちは，ハウツーの正解のある問いに向き合う学

習を繰り返してきたことでしょうが，教育・保育学は，その答えを超えています。「保育は哲学」です。実は正解がない（どれも正解ともいえる），「なぜだろう」「どうしてだろう」と深く問い続けることが基盤にあります。幼児期に「これなあに？」「どうして？」と，繰り返し聞き続けていた経験はありませんか。子どもたちはいつも問い続ける学者のような存在です。その子どもたちの成長を支え促す保育者は，どのように向き合ったらよいのでしょうか。

　本書では，教育・保育者は子どもたちにとってどういう存在であるべきかという問いを我が事，自分の問題として考えていきたいと思います。しっかりと教育学・保育学全般の学問を学び，教育・保育界の人となり，精進してもらいたいと願っています。自分を高めると同時に，他者に奉仕することを喜び，人の痛みがわかる，やさしくて，しなやかな感性を，この大学時代に真剣に育んでいただきたいと切に願っています。

　本書では多くの教育・保育学関連の資料や文献を参照し援用させていただきました。そのことに対して関連の著者の先生方に，この場をお借りして心より御礼申し上げます。特に，著者の先生方には，実際の保育，子どもの発達の様子，実際の保育の内容や方法，計画を扱うとともに，その実際の保育を支える考え方，子どもの見方，保育・保育者の見つめ方，問い，考え，つまり保育の哲学にも触れていただきました。本書はテキストという性質上，本文中での詳細な註は省略せざるをえませんでしたが，その代わりに各章末には参考文献として列挙させていただきました。さらに深く教育・保育学を研究したい方々は，それらの参考文献を糸口としてさらなる著作物に眼を通すことによって，より深く広い知見が獲得できることでしょう。

　最後に，本書作成に当たってはミネルヴァ書房編集部の深井大輔氏に丁寧なお支えをいただき，たいへんお世話になりました。こうした地味な学術書の出版が容易でない時代であるにもかかわらず，快く本書の出版を引き受けてくださったご厚意に感謝し，この場をお借りして心からお礼を申しあげます。

　現代社会における教育・保育状況を一瞥しつつ，そこから今後の教育・保育研究の重要性を自覚するなかで，筆者はさらなる自己研鑽に取り組むつもりです。これを機会に十分な省察を踏まえつつ，大方のご批判，ご叱正，ご教示を

賜り，さらにこの方面でのいっそうの精進に努めてまいります。足りない器の者（筆者）ですが，みなさまに励まされ，覚えていただいていますことを心から感謝いたします。

　2024年3月

編著者　熊田凡子

新しい保育原理　目　次

監修者のことば
はじめに

第 1 章

保育者は幼児をどのように
受け入れることが可能か？

　保育の場における幼児は，たんなる「保育の受け手」ではなく，保育者とともに「保育の場を支える主体」になりうる。この視点から，主としてボルノーの「教育的（保育的）雰囲気論」に即しつつ教育人間学的に考察する。「教育的雰囲気」とは，両者の間で成立し，すべての個々の教育的振る舞いの背景をなす情感的な条件であり，人間的な態度の全体を包含していることも傍証していきたい。

　本章のめざすべき目的はおおよそ，次のように説明できるだろう。原則として子どもに安心感を与えるのは母親である。しかしながら，穏やかで落ち着いた安全な日々を幼児に提供できる人は，母親に限定されない。幼児が学び育つために重要な要素は，幼児にとってそこが安全であり安心して過ごせる場所と時間を提供することである。それは母親以外でも可能であるのではないかという視点から問いを深めていきたい。いわば母親の代理としての「保育士」にもその可能性が開かれているのではないかという視点を掘り下げていく。これとの関連で，幼児から受容・共感されることも含めて，保育の場における幼児は，たんなる「保育の受け手」ではなく，保育者とともに「保育の場を支える主体」になるとも言えるだろう。この視点も含めて，主としてボルノーの「教育的（保育的）雰囲気論」に即しつつ考察する。

　佐藤は「保育的雰囲気」の定義として次のように述べている。それは「保育における子どもと大人の間に漂うものであり，子どもの被包感（Geborgenheit）を支え，子どもと保育士との間に通い合う信頼関係を支える情感的なコミュニケーションとその人間的態度がもたらすもの」（佐藤，2011：239）であるとする。これはボルノーにおける「庇護性・被包感」（Geborgenheit）の概念から援用しており，教育哲学者のボルノー（Bollnow, O. F., 1903-1991）の考え方とほぼ同義である。

佐藤はボルノーの教育的雰囲気の中心的課題である子どもと教育者の間の庇護性・被包感や信頼関係について次のように考えている。第一に教育的雰囲気とは，両者の間で成立し，すべての個々の教育的振る舞いの背景をなす情感的な条件であり，人間的な態度の全体を包含しているという。また両者を共通に包む同調の気分でもある。第二に子どもの被包感（庇護性）とは，具体的には子どもを保護する家庭環境のことであり，そうした場所では信頼され安定感を与える大人から放射される感情で満ちている。こうした雰囲気的場において子どもは世界が意味を帯びた秩序を体感するのである（佐藤，2011：239）。

　さらに佐藤は，新著において，ボルノーの教育的雰囲気における「教育」の概念は「保育」と重なる部分が多いと鋭く指摘している。具体的には汐見稔幸の「全体としての場の環境＝雰囲気」概念を援用しつつ，保育における雰囲気の重要性を浮き彫りにしている（佐藤，2021：25-26）。

第1節　幼児と保育者の真の関係

○幼児は，養育者との信頼関係を軸として，未知の環境と関わっていく意欲がわいてくる

　井上によれば，おとなは子どもたちにとっての「安全基地」であるという。そのことによって幼児は自分を受容してもらい，共感的態度が生ずることになる。養育者が幼児を全面的に受容することで，この世界を「安全なもの」として感じることができるようになる。幼児は，養育者との「信頼関係」を軸として，未知の環境と関わっていく意欲がわいてくる（井上，2017：23）。

　この点に関しては教育哲学者のボルノーも次のように述べている。すなわち，「人間の心的健康は，彼が『うち』〔本章でいう「安全基地」のこと〕という空間を持つことができるかどうか，すなわち，世の中で果すべきさまざまな責務から，いつもこの『うち』へ再び立ち帰り，そのなかで彼が安定感をもつことができ，（中略）身内のものといっしょに『住まう』ことができるかどうかにかかっている。（中略）そして子どもの生を支える基本的な気分〔筆者註：教育的雰囲気のこと〕がいつもそこにあるようにし，もしそれが阻害されたとき

は，いつでも直ぐに回復されるようにしてやることが，教育の第一の，そして必須の課題なのである」（Bollnow，1970：26／ボルノー，1980：66）。

○幼児は一方的に大人から受容・共感されている「受動的存在」であるのか？

　幼児は，ただ一方的に大人から受容・共感されている「受動的存在」であるのか，保育の場で保育者から一方的に受容・共感的態度によって与えられている存在なのか，と井上はさらに問うていく。むしろ逆に幼児が，保育者を「この先生だから」と受容する態度をとっていると，井上は考えている。幼児のこうした「主体性」が存在することによって保育の場が成立するのではないかと，と井上は問題提起している。であるならば，幼児から受容・共感されることも含めて，保育の場における幼児は，たんなる「保育の受け手」ではなく，保育者とともに「保育の場を支える核」になるとも言えるだろう（井上，2017：23）。

　この視点は筆者にとっては，新しい保育観であり，今後のボルノー教育学でも深く探究していきたい領域である。ボルノーの教育的雰囲気論の考察のなかで，保育教育の領域が含まれることは，これまでの筆者のボルノー研究でも十分に検討できていない部分である。今回，井上論文の指摘で初めて気づいた側面であるので，今後の重要課題としたい。

○「庇護性・被包感」（ボルノー）を通じて，保育者と幼児の教育的関係性は，
　両者の「同等性」のうえに成立する

　井上はボルノーの「庇護性・被包感」概念を使用して，教育者と幼児との間に醸し出される教育的雰囲気について論じている。この「庇護性・被包感」の概念を軸に，第一に，保育者から庇護され，被包されることを求める主体としての子ども像を考えている。そして第二に，保育の場において，幼児も「保育者と共にその場を支える主体」としての子ども像を考えている。この2点で子ども像を新たに把捉している点に井上論文の独自性が見出せる（井上，2017：23）。

　ボルノーの「庇護性・被包感」という概念から，保育者と幼児の教育的関係性は，両者の「同等性」のうえに成立すると考えられる。すなわち，「保育者－幼児」間の教育的関係性を再構築することを目指している（井上，2017：24）。

　ボルノーの「庇護性・被包感」の概念は，「教育的雰囲気」の一つである。

それは，子どもが特別に意識することもなく，なにげなく学校（幼稚園・保育園）生活をするなかで自ずから身に付き，世界へと自らを開いてゆくことを援助する雰囲気のことである。その意味で「被包感」は，子どもの内的な充実を意味する（井上，2017：25）。

○子どもは，大人から向けられる「被包感」という教育的雰囲気のなかで成長する

　子どもは彼の被包感のなかに生き，そこから発達し，その中から世界へと自らを開いていくと考えている。ここから理解できることは，ボルノーの子ども理解は，大人から向けられる「庇護性・被包感」という教育的雰囲気のなかで成長する存在であるということである（井上，2017：26）。

　ボルノーによれば，幼児は自分を，力弱きもの，助力や保護を必要とするものと感じており，おとなの世界に支えられていると思っている。しかも幼児は，こうした自己の無力さを決して欠点とは感じていない。なぜなら，彼はおとなたちの保護の中で安全に包まれていることを知っているからである。また幼児は，助力の必要を当然なことと感じて，おとなたちを信頼しているからである（井上，2017：15）（Bollnow，1970：38／ボルノー，1980：93）。

○子どもは，「安心・安全」を与えてくれる雰囲気の中でのみ正しい発達をとげ得る

　「おとなによって支えられる」存在である子どもは，自分を「被包」してくれるおとなと「未分」の状態で結ばれている存在であることを理解している。だからこそ，おとなからの保護の中で安全に包まれる経験を持つことが可能となる。自らを「保護してくれる」存在であるおとなに対して，おとなと未分の状態である幼児は，何の疑いもなく，大人を信頼し，感謝することができるという（井上，2017：26-27）。

　井上は，子どもをいかなる存在として捉え，子どもの育ちの過程にいかに関与すべきか，子どもが誕生後，最初に信頼関係を築く養育者との関係性について以下のように考えている。すなわち，幼児から見て，教育を支える一連の雰囲気的条件の最初に位するのは，子どもを保護する家庭環境である。そこには，信頼され安定感を与える者から放射される感情が十分に存在している。このよ

うな雰囲気の中でのみ，子どもは正しい発達をとげることができ，子どもに対して，世界は，意味をおびたその秩序を開示してくれるのである。養育者との関係によって生じたこの「信頼」の感情を基盤にした「教育的雰囲気」の中に浸ることによってはじめて，子どもは「正しい発達」を遂げることができるようになる。さらにこの雰囲気のなかで，この世界から開示される「意味をおびた秩序」に触れることも可能になるという（井上，2017：27）。

○生まれて初めて信頼関係を構築する養育者の存在は，子どもにとってこの世界における「安全基地」である

　愛し，信頼することのできる養育者との関係を基軸として初めて子どもは，自分が存在する「世界」を，「安心して住む」あるいは「住み心地のよいもの」にすることができるようになる。自分との深い関わりを持つ，特定の養育者との間で形成された信頼関係，そしてそこから紡ぎ出された「庇護性」のおかげで，自分が生きる世界に対して自分を開いていくことができる。この意味で，子どもが生まれて初めて信頼関係を構築する養育者，親の存在は，子どもにとってこの世界における「安全基地」であり，「絶対的なものの体現者」でもある。フレーベルはそうした子どもを庇護する施設として，世界で初めてのキンダーガルテン（幼稚園）を創設したのである（井上，2017：27）。

　これとの関連で，ボルノー自身の発言を提示してみよう。ボルノーは言う。すなわち，「意味をもち，安心して住めるそのような世界は，幼児にとっては，原則として，特定の愛する他人に対する，したがって第一に母親に対する，人格的な信頼関係においてのみ開けてくるものであり，それゆえ，包み護られているという普遍的な気分は，最初の瞬間から，むしろ愛する個々の他人に対する特定の関係と結びついているわけである。そして愛する特定のひとに対する関係からして，はじめて，世界は同時に，安心して住むことのできるもの，住み心地のよいものという性格を獲得するのである」（Bollnow，1970：18／ボルノー，1980：50）。

○養育者は，より一段高いこの「世界」に対する「一般的な信頼感」へと幼児を移行するように導くことが求められる

　幼児が成長していくにつれて，絶対者としての親・養育者との関係は少しづ

つ変化していく。これまで親の存在は絶対的と思われていたもの，すなわち，主客未分の関係性がくずれていくことになる。そのときに，養育者は，養育者との間に構築された信頼関係を，より一段高いこの「世界」に対する「一般的な信頼感」へと幼児を移行するように導くことが求められる。その結果，幼児は，今度は「世界」から与えられる被包感の雰囲気のなかで，前向きに世界の中で活動をすることができるようになる（井上，2017：27-28）。

　身近な母親との信頼関係が崩れたときどうすればよいのか。ボルノーは言う。「ここでおとなの果たすべき課題は，子どもが幻滅を乗りこえるように導いてゆくということである。すなわち，具体的な他者に対する信頼の絶対化から，子どもを徐徐に慎重に解放することであり，もはや個々の人間に結びつくことなく，しかも，起こりうるすべての幻滅の彼方で生活に恒常的な拠りどころを与える存在と生に対する新しい一般的な信頼へ，子どもを導いてゆくことである」（Bollnow，1970：23／ボルノー，1980：59）。

○「包括的信頼」こそが，子どもと養育者の関係を支える「基本的態度」であり「雰囲気的条件」である

　幼児は，単に彼自身の内部から，彼自身に内在する法則に従って発達するのではない。幼児は，彼の環境から，彼に寄せられる期待によって，左右されるのである。この信頼が欠けている場合には，幼児の発達もひどく歪められてしまうことになる。子どもは大人や世界からの信頼を得て，そして世界に対して信頼を寄せることができて，初めて正しい発達が可能となる（井上，2017：28）。

　ボルノーは，子どもにとって被包感を醸し出す環境の一つである教育者が，子どもに寄せる「信頼」は，子どもに備わっている能力や性格に基づいて寄せられるものではなく，その子どもが「その子ども」であるということ自体を愛し認めるがゆえに，それを生み出せるのである。これをボルノーは「包括的信頼」と呼称し，これこそが，子どもと養育者の関係を支える「基本的態度」であり「雰囲気的条件」であると定義づけている（井上，2017：28）。

　これとの関連でボルノーは言う。「包括的な信頼は，そこに必ずしも特定の方向がしめされてはいなくとも，子どもにひそむあらゆる力の発達に直接作用して，これをみのり多からしめるものであり，子どもの発達にとってまさに不

可欠のものなのである。子どもの道徳的な力は，彼を取り巻く周囲の信頼，特に教育者の信頼によって，彼がどれほど支えられていかということで決まってくる」（Bollnow, 1970：49／ボルノー，1980：119）。

第2節　ボルノーにおける幼児の保育観

さて，私たちは，ここで，再度ボルノーの『教育的雰囲気』の思想に立ち返って，ボルノーが幼児存在をどのように把捉していたのか，そして養育者との信頼関係はどうあるべきか，幼児の健全な発達にとって，かれらが居住する家や保育施設はどうあるべきなのかについて，考察を深めていくことにする。

○ボルノーの教育的な雰囲気の概念

ボルノーの教育的な雰囲気の概念をもう一度整理してみよう。彼は，教育的な雰囲気とは，「教育の行われる背景である感情と気分の状態と，共感と反感との関係のすべてを意味している」（ボルノー，1981：56）と述べている。教育的な雰囲気は，本質的な意味を持っており，教育をたやすくする良い環境や，教育を困難にする悪い環境を意味する。それゆえ，教育が目的を達成するためには不可欠な諸条件を含むものである。しかしこれまでの教育学ではあまりにも無視されて，体系的な研究もほとんど着手されていないという（ボルノー，1981：56-57）。

○ボルノーの「幼児の庇護性」概念

ボルノーによれば，教育的に効果のある雰囲気の基本的な形は，幼児期の初期では，家や家族の囲いのなかで庇護される感情であるという。よく知っており，信頼できる世界のなかで安全に行動できることが大切な要素となる。彼は言う。「幼児がこのような庇護されているとの感情を持つのは，特定の，愛情を感じる他人への個人的な関係，普通はだから，母にたいしてだけであるように思われる」（ボルノー，1981：57）。

○幼児の健全な発達にとってどうしても必要不可欠な「庇護感」（被包感）

ボルノーによれば，私的領域内（家庭）に留まり，安心・安全を獲得するという体験は人間の人生にとって奪うことのできない前提である。それ故に「公

的領域」（家庭の外の社会）の対極に位置する「私的生活」の象徴ともいうべき，幼児にとって必要不可欠な「安らぎ」の感情を育む空間の関わりの考察を深めることが重要になる。

　ボルノー自身の幼い娘を例にとって次のような体験が述べられている。ボルノーの娘が，例えば新聞で見知らぬ政治家の写真などを眼にすると，いつも父親に「これは良い人なの？」と尋ね，彼が娘に応えてやると初めて安心したものである，と述懐している。この例からも容易に理解できるように，幼児にとって養育者（親）の世界に属するものは「好きな良いもの」であるのに対して，親が閉め出すものはいつまでも「嫌なもの」であり子どもにとっても警戒すべきものとなる。このように幼児にとって意味を持ち，安らぎを感じつつ住めるような世界とは，「特定の愛する人」に対する人格的な信頼関係においてのみ開示され，さらに言うならば，親（母親等）への絶対的な信頼によって子どもは「庇護感」（被包感）を抱くようになる（Bollnow, 1970：18／ボルノー，1980：50）。

○親と幼児の交わりから醸し出される「信頼の最初の芽」（ペスタロッチ）について

　ペスタロッチが彼の書簡のなかで，母親と幼児の交わりから醸し出される「信頼の最初の芽」がいかに幼児の後の発達に深い影響を及ぼすかについて，ボルノーは「私的領域」の象徴としての家族関係の重要性を把握している。この点についてボルノーは，彼の大学の同僚である小児科医のアルフレッド・ニチュケ（Nitschke, A.）の次のような考え方を紹介している。養育者（母親等）は，その子どもを気遣う愛情のなかで，信頼できるもの，頼りになるもの，明るいものの空間を作り出す。その空間へ引き入れられているものは，すべて意味をもち，いきいきとなり，親しみやすいものになる。これは幼児期の生活が充実するためには，「私的領域」においてのみ生ずる幼児と母親・養育者の信頼関係がいかに必要なものかを如実に示す具体例と言えるだろう（Bollnow, 1970：19／ボルノー，1980：51）。

○フレーベルの主張する幼児教育の重要性について強調するボルノー

　ボルノーは，フレーベルの主張する幼児教育の重要性についても強調してい

る。たとえば「山登り」や「洞窟探険」，「秘密の空間」などの未知なものに挑む遊びの意義についても言及している。子どもたちが成長するに従って徐々に彼らの「公的領域」が拡大し，子どもたちを脅かす存在が彼らの生に侵入し始める。しかし子どもたちはそのような場面に遭遇しても，「私的領域」という安らぎ・安心・安全を覚える世界，たとえば家庭でのみ特に小さな子どもたちは健全な生を営みうるという事実はいささかも揺らぐことはない。それゆえに被包感の存する「内的領域」は，子どもたちの生活圏が徐々に拡がろうとも，それ以後の子どもたちの発達全体にとって必要不可欠なものであり続ける。

　たとえばフレーベルの主張する山登りや洞窟探険などの未知なものに挑む遊びにおいても，いつでも帰っていける庇護された安らぎ・安心・安全の場としての「私的領域」（保育園）が，常に子どもたちの背後に存する場合にのみ有効で可能な営みとなる。それゆえに特に小さい子どもたちにとって，まず初めに「秩序ある安らぎ・安心・安全の世界」の領域を与えることによって外的世界の苛酷な条件に耐えられる力を養うことが幼児教育の主眼となってくる（Bollnow, 1970：25／ボルノー，1980：64）。

○ランゲフェルドの「秘密の空間」という概念

　ここでボルノーはランゲフェルド（Langeveld, M. J.）の「秘密の空間」という概念を引き合いに出して，子どもたちがある年齢段階に達すると，今まで与えられていた「安らぎの私的領域」を今度は自ら創り出し始めるという事実を私たちに提示する。これとの関連でボルノーは彼の娘が「秘密の空間」を作りたいという要求の現れとして，自分の「おうち」を作り，そこで「寛いだ」気分を味わおうとしたことがあると報告している。ボルノーによれば，これは自分自身の居住空間を，温かい被包感のもてる安心・安全の場所に作りあげようとする要求であり，それはあらゆる手段を講じて支持されなければならないものである。こうして人間の充実した生は，子どもたちが「私的領域」としての「家」（保育園）という空間を持てるかどうか，つまり世のなかの障害や脅威から守られ安らぎのなかで身内のものと安心して安全に「住まう」ことによって初めて成就するとボルノーは確信したのである（Bollnow, 1970：25／ボルノー，1980：65）。

9

第3節　母親・保育士と幼児の信頼関係についての
人間学的考察

　私たちは，本節では主として中野に従いつつ，現実的な母親・保育士と幼児
の信頼関係についての現象学的・人間学的な考察をしてみたい。やはりその際
のキーワードは「庇護性・被包感・安心・安全」概念である。一般に保育所に
幼児を預けるとき，母親や父親は二つの葛藤を持つという。第一は幼児を手渡
すときの辛さであり，第二は健やかに幼児が育つかどうかという不安である。
これに対して保育者はどのように応答することができるかと中野は問いかけて
いる。この二つの葛藤は母親から発せられたものであり，幼児から出されたも
のではない。この葛藤は幼児から理解して初めて意味があるものとなるので，
幼児が大人たちに何を求めているのかを問うていきたい。幼児が大人たちに何
を求めているのかを問うことによって，親と保育士の課題と可能性が明確にな
るという（中野，2016：61-62）。

○「生理的早産」の幼児が求めているものは「保護」に加えて，「安心，安定感，
　被包感」

　中野によれば，人間の幼児は「生理的早産」に該当するために，弱い存在で
ある。「生理的早産」とは動物学者のポルトマンが唱えた説である。人間は動
物学的観点から見た場合，他の哺乳動物の発育状態に比べて，約1年早く産ま
れるとして，人間の誕生時の状態を「生理的早産」と特徴づけた。これの意味
するところは，人間は未熟な状態から成熟しなければならない大きな部分を残
した可塑性に富んだ存在である（大江，2021：254）。

○ランゲフェルドの幼児観

　筆者はランゲフェルドの以下の文言に注目したい。「スイスの生物学者アド
ルフ・ポルトマンは，すでに四〇年も前に，人間の子どもが動物としてみたと
きあまりにも早く未熟な状態で生まれすぎており，したがって，子どもは誕生
する以前に母胎の中で実現しえなかったことを，誕生した後に母胎の外で達成
しなければならないのだという理論を生み出した。人間の子どもは生後一年の
間に最も急速に発達し，特に脳が発達する。人間は早く生まれすぎているため

に，最も人間らしい特徴は後から発達する，とポルトマンは言うのである」
（ランゲフェルド，1980：42）。

　とはいえ，衣食住や排泄等について，幼児自身ができないために，大人たち
が保護し世話をしなければならない。大人の保護なしにはひとときも生存する
ことが不可能である，という意味で，幼児は「生理的早産」なのである。それ
に加えて人の子どもの場合，「保護」に加えて，「安心，安定感，庇護性・被包
感」を与えることが求められる。中野に従えば，こうした概念は既存の教育理
論から導きだせるものではなく，子どもの状況への関わりから現象学的に到達
するしか獲得しえないである。ボルノーやランゲフェルドに即しつつ，幼児に
必須とされる「安心，安定感，庇護性・被包感」の要素は，概括的には「安心
感」とまとめられよう（中野，2016：63）。

○幼児にとって大切なのは，たとえ世の中が危険なことで満ちていても，「我
　が家の中だけは安全である」ということ
　幼児が住む場所は「家屋」であり，これが幼児の世界である。そこでは主と
して親が生活し居住し，調理し，部屋を整理したり，家具等が置かれて，日々，
生活が展開されている。こうした親のもとで，幼児は安心して生活することを
知る。

　先に筆者は，ボルノー自身の幼い娘の例を紹介した。親がなじんだものであ
れば，幼児は安心して，眺め，触り，たたいたり，なめたりすることもできる。
確認できれば次の新たなものへと移行していく。こうしてその部屋は幼児の手
により，荒れ放題になっていくが，それが幼児にとってはむしろ「学習してい
る」ことになる。幼児にとって大切なのは，たとえ世の中が危険なことで満ち
満ちていても，「我が家の中だけは安全である」ということである。この安心
感は，両親の平静さや平常性から醸し出されるものである（中野，2016：64）。

　私見ではあるが，娘夫婦が最近，居住空間的には以前の家屋よりも広く新し
い家に引っ越しをした。そのとき，9か月になる孫が，これまでの住居では見
られなかった反応，すなわち，母親の「後追い」を数日ではあるがするように
なったという。これもまた上述のこれまで馴染んできた環境が急変することに
伴う幼児の「不安」から生じた行動と言えるだろう。

○世界が秩序に満ちていることを理解したときに，初めて幼児は真の意味で
　「母親」を持つことになる

　親の掃除の仕方，台所での立ち回り方，父親の座り方等，実に細々とした事
柄にまつわる「安心感」を幼児は求めている。こうした何気ない平凡な事柄こ
そが，幼児を安心させることになる。母親がさりげなく幼児を気遣っている部
屋で，幼児はその視線を感じて安心感を得る。それゆえに幼児は自由に動きま
わることも可能となる。朝起きるといつも通りに母親がおり，起こるべきこと
が起こり，物はあるべきところに存在する。これらはすべて「秩序」そのもの
であり，世界が秩序に満ちていることを幼児は理解する。ここで幼児は真の意
味で「母親」を持つことになる。中野によれば，このことは，幼児の状況から
出発する現象学的人間学においては当然の帰結であると考えている。大人から
見れば，子どもを生んだ女性あるいは育てている女性が，その子どもの母親で
ある。しかし幼児から見れば，「安心感」を与えてくれる人が母親となるとい
う見解を示している（中野，2016：65）。

　これとの関連でボルノーは次のように考えている。すなわち，「子どもから
見て，教育を支える一連の雰囲気的条件の最初に位するのは，子どもを保護す
る家庭環境である。そこには，信頼され安定感を与える者から放射される感情
がみちている。子どもがそこでいだく信頼の感情は，すべての健全な人間的発
達にとって，したがってまた，あらゆる教育にとって，まず第一の不可欠な前
提なのである」（Bollnow，1970：18／ボルノー，1980：49）。

○「人見知り」とは，幼児にとって母親こそが，安心・安全を保障する人に
　なったことを認識すること

　以下の中野の指摘は注目に値する。すなわち，幼児が七か月頃になると，腰
がすわり，地面に対して垂直の姿勢がとれ，視野が活発になり始め，そしてこ
の頃から，母親以外の人への「人見知り」が始まる。この「人見知り」は，幼
児にとって母親こそが，安心・安全を保障する人になったことを認識すること
を意味する。幼児にとって，少しでも母親の姿が見えないと，おびえて探し回
る。たとえば，母親がデパートのトイレに入ったとき，幼児は繰り返し母親を
呼び求めるという。幼児にとって知らない場所でしかも母親の姿が見えなくな

ると，危険で恐怖を感じるために，安全と安心を与えて，庇護してくれる母親をしきりに求めると，中野は考えている（中野，2016：66）。

○安全な日々を幼児に提供できる人は，母親に限定されず母親の代理としての
　保育士にもその可能性が開かれている

　それでは保育園での幼児はどうなのだろうか。当然のことながら，幼児は母親や父親に求めるような「安心感」を保育園でも求める。はたして，これは可能であろうか？　ボルノーによれば，原則として子どもに安心感を与えるのは母親である。しかしながら，穏やかで落ち着いた安全な日々を幼児に提供できる人は，母親に限定されない。幼児が学び育つために重要な要素は，幼児にとってそこが安全であり安心して過ごせる場所と時間を提供することである。それは母親以外でも可能である。いわば母親の代理としての保育士にもその可能性が開かれている（中野，2016：66）。

○かつて，幼児は共同体の中で生まれ育った

　中野によれば，かつて日本では，幼児は共同体の中で生まれ育ったという。そこには数十年住み着いた人々がおり，母や父の親族もともに近隣で生活していた。幼馴染もおり，おじやおばとも交流があった。冠婚葬祭はその家で行われ，生老病死を幼いながらに体験できた。幼児は誰からも声をかけられ，抱かれ，安心できる人々が幼児の周囲に存在していた。幼児はたくさんの兄弟姉妹と一緒に暮らしていた（中野，2016：66-67）。

○「保育所」は幼児や家族とを結ぶ「人為的共同体」である

　しかしながら現代では，「核家族」という言葉一つをとってみてもわかるように，かつてのような「共同体」は崩壊しつつあることは周知の事実である。しかしそれに代わるものとして，「保育所」が登場した。この「保育所」は，母親，父親そして社会の要求に応えるものとして生まれたものであり，幼児の望みが託されていると中野は把捉する。はたして「保育所」は，幼児や家族とを結ぶ「人為的共同体」となりうるのだろうか。幼児にとって，保育士は母や父とは異なり，第三者であるものの，保育を専門とする職業人である。その意味で幼児は，育児について専門知識を有する保育士に安心や安全を望みかつ求めている。この望みや求めは，幼児自身からかれらのほほ笑みやあどけなさを

通して保育士に伝えられる。これは新生児微笑（生理的微笑）から始まり，幼児になると人なつこい笑顔に変化する。大人はそれをかわいいと感じ，幼児の期待に応えたくなる。幼児は，安心を与えてくれる人に対してほほ笑みで応答する。「保育」とはこうした人間性の原理に立って行われるという。見ず知らずの保育士が，見ず知らずの幼児を守ることができるのはこうした原理によると中野は理解する（中野，2016：67）。

○「安心感」は，母親によって保障されていることから生じる

　すべての幼児がいつでも求めているのは「安心感」である。しかも幼児は，両親と過ごしていたときに感じたような「安心感」を保育所にも求めている。こうした「安心感」は，幼児がいる部屋が安全であることを母親によって保障されていることから生じると，中野は鋭く指摘している。保育士は母親が知っている人である。母親が知っている人は，幼児にとっても良い人なのである。良い人（保育士）は，幼児にとって初めての部屋である保育所を知っており，そこは危険がない良い部屋ということになる。そこで幼児は安心して行動し，多くを学ぶことができるようになる（中野，2016：68）。

○家庭と保育園が安心感を提供できる場となったとき，両者は幼児にとって連続した共同体となりうる

　一般に幼児の記憶は持続して流れていないために，泡沫のように生まれては消えていく。そのために保育園で過ごす間，つまり母親がいない間は，ずっと母親のことを思い続けることはできない。幼児は大人が過ごす時間の連続性の中を生きてはいない。夕方，母親が幼児を迎えにくるという新しい状況が始まった瞬間から，以前に保育所で起こった出来事は無効になる，と中野は考えている。そのために，朝，幼児は母親から保育士に託されると，一瞬不安になるが，夕方すぐに母親が迎えに来るという感覚で，保育園生活をしているという。3歳頃になると，ことばもしゃべれるようになり，友達と遊ぶことができるようになり，夕方に母親が迎えにきても，保育園から帰りたがらない幼児もでてくるという。なぜなら保育園は幼児にとって楽しく遊び，学べるところになったからだという。こうして家庭と保育園が，安全を保障し安心感を提供できる場となったときに，両者は幼児にとって連続した「共同体」となりうる。

ここに現代における新しい共同体の創造が期待される。そしてこの「安全が保障され安心感を恒常的に与えられる状態」ことこそ，幼児がなによりも母親と保育士に求める切なる願いなのである（中野，2016：68-69）。

第4節　子どもの生を支える保育的雰囲気

○保育園は乳幼児が保護者の庇護のもとを離れて，保育士と子どもたちと共同で生活をする場

　佐藤によれば，保育における雰囲気，すなわち，「子どもと大人の間に漂うものの意味と子どもへの影響の大きさなどについて十分に問い直すことがなされていない」（佐藤，2011：237）という。元来，保育園は乳幼児が保護者の庇護のもとを離れて，保育士と子どもたちと共同で生活をする場である。そこでは，安心して安らげるのが本来であるが，場合によっては不安と困惑のうちに過ごす子どももでてくる。こうした保育の成果のちがいはどこに由来するのであろうか。

　それとの関連で佐藤は言う。「同じ保育状況においても保育者によって，そこから読み取る意味が異なり，また子どもがそこからどのような情報を受け取るかによって固有の保育が創りだされる。その結果，子どもと保育者の相互の気持ちが織りなす固有の空気感がもたらされ，それが居心地の良いものになったり，時にぎこちないものなどとして保育の場で受け止められていく」（佐藤，2011：237）。

　こうした大人と子どもの間に漂う雰囲気を論じる先行研究は多くない。佐藤は先行研究として4つを挙げているが，本章では特に主題に近い，汐見稔幸の論を任意に紹介しておきたい。汐見は，保育園等には独特の雰囲気があるという。物理的な環境から保育士の人柄，保育者と子どもとの人間関係まで実に様々な雰囲気が混在している。そのなかでも大人の子どもへの期待のまなざしの役割が大きいという。汐見は倫理的雰囲気の重要性にも言及している。保育者は子どもたちとの日々の交わりのなかで，子どもに期待する行動の判断を無意識に表出しているという。子どもはその保育士の期待や倫理的雰囲気に合わ

せて行動するようになるという。これはまさにボルノーの教育的雰囲気と軌を一にした考え方である（佐藤，2011：238）。

○「保育的雰囲気」の定義

　佐藤は「保育的雰囲気」の定義として次のように述べている。それは「保育における子どもと大人の間に漂うものであり，子どもの被包感（Geborgenheit）を支え，子どもと保育士との間に通い合う信頼関係を支える情感的なコミュニケーションとその人間的態度がもたらすもの」（佐藤，2011：239）であるとする。これはボルノーにおける「庇護性・被包感」（Geborgenheit）の概念とほぼ同義である。

○教育的雰囲気の中心的課題である子どもと教育者の間の庇護性・被包感や信頼関係

　佐藤はボルノーの教育的雰囲気の中心的課題である子どもと教育者の間の庇護性・被包感や信頼関係について次のように考えている。第一に教育的雰囲気とは，両者の間で成立し，すべての個々の教育的振る舞いの背景をなす情感的な条件であり，人間的な態度の全体を包含しているという。また両者を共通に包む同調の気分でもある。第二に子どもの被包感（庇護性）とは，具体的には子どもを保護する家庭環境のことであり，そうした場所では信頼され安定感を与える大人から放射される感情で満ち満ちている。こうした雰囲気的場において子どもは世界が意味を帯びた秩序を体感するのである（佐藤，2011：239）。

○「エピソード記述」とは，環境との相互作用のなかで，子どもの行動を徹底的に観察して記述する研究方法

　佐藤は，ボルノーの「教育的雰囲気」について，信頼，愛と感謝等の現象が人間的生の基盤を形成することを理解するならば，それとの関連を持つ教育的意義は自ずから出てくるのであり，その帰結を取り出せばいいという。汐見も，子どもにとって，環境との相互作用のなかで，子どもの行動を徹底的に観察して記述すればよいと述べており，両者は共通項を有する現象学的視点を保持していると，佐藤は理解している（佐藤，2011：239-240）。

　そのことを踏まえた上で，佐藤は鯨岡の「エピソード記述」の方法論を使用しつつ，保育における「子どもの信頼」の視点から「保育的雰囲気」の意味を

考察している。「エピソード記述」とは，心を動かされたエピソードを忘備録として記録（エピソード記録）し，それに基づきながら，その出来事を他者に伝えるために書き直したものであり，鯨岡が提唱しているものである。鯨岡によれば，「エピソード記述」の視点において，保育中に子どものそばで気になる姿を見つけたときに，意識的に観察すれば，徐々に自ずと保育者の価値観が形成されてくる，というものである。保育者の価値観に従ってエピソードを拾い集め，それを暗黙の価値観に従って考察するうちに，「脱自的な視点」が機能し始めるという。ここで「脱自的な視点」とは，日常性に埋没している保育のなかから，特別の意味を浮き上がらせる，という意味で筆者は解釈している（佐藤，2011：240）。

○T保育園での「エピソード事例」

　佐藤は鯨岡の興味深い３つの「エピソード事例」を紹介している。ここでは特に筆者が本稿のテーマに一番即していると思われるT保育園での事例を一つ取り上げて要約してみたい。居場所を求めて自由に探索する２歳児Mの事例（2011年５月18日）である。２歳児担任のY保育士からMの関与観察者に対して，２歳児Mの居場所を尋ねられた。当日はMの姿を見かけなかったので関与観察者はMが欠席と思い込んでいた。Y保育士の真剣な表情を感じて，関与観察者もともに探すことにした。結果的にフリーの保育士が，Mの居場所を教えてくれた。Mの姉の５歳児クラスのテラスで，Mはずっと遊んでいたことになる。Y保育士がMにそっと歩み寄り，元気な様子を確認できた。２歳児の食事の時間であったが，Y保育士はMをそのままにして去る。Mは食事の意志がない様子だったが，尿意を感じ，クラスに戻っていった。

○「エピソード事例」の考察

　以下は「エピソード事例」の考察として，上述の状況を分析した内容を佐藤に即しつつ，まとめていきたい。E担任がMをランチルームに送り出した後，「そういえば」と今朝のMの様子を関与観察者に話し出した。朝のMの様子はいつもと異なり，泣いて母親と別れて，しばらく担任Eにしがみついていたという。そうしたことはめずらしいことではなかったのでE担任は気が済むまで抱いていた。その後，遊び出したので目を離したという。もう一人の担任Y保

育士は特定保育児に関わっており，Mの遊びに関与していなかった。Y保育士は通常の遊びの範囲内でMの姿が見えないことに気づいたために，探し始めたが見つからず，関与観察者に尋ねたという経過である（佐藤，2011：240-241）。

　佐藤によれば，T保育園では，保育士の周辺に異年齢の幼児が自由に遊べることを保障しあう保育が存在するという。2歳児の姿を担任が直接把握せずとも子どもと保育士の間にある緩やかな信頼関係が存在するからこそ成立する保育であると佐藤は指摘する。また担任がMの姿を見失っていると思った瞬間，すかさずフリー保育士が，Mの所在を伝えてくれるところからも，保育者相互の信頼のまなざしの確かさも感じられる。T園には，「何とも言えぬ柔らかな笑顔を見せながらMに近づくY保育士がいた。その笑顔には，MとY保育士の間に通い合う揺るぎない『相互の信頼』が見られた」（佐藤，2011：242）。

　T園では，子どもと保育士を対等の関係で捉え，子どもの生を支える「保育的雰囲気」に満ちていたという。両者の間に醸し出される温かい開かれた雰囲気によって，きめ細かい人間的な保育が実践できていたという。最後に佐藤は言う。「保育とは小さな，何気ない関わりに込められる子どもへの信頼と子どもから大人への信頼が日々生成される人間形成の営みとして，子どもの生を保育士が深く見つめることから育まれるものである」（佐藤，2011：243）と結論づけている。

　本章の目指すべき方向は，「保育者は幼児をどのように受け入れることが可能か？」という問いから始まり，ボルノーの教育的雰囲気と庇護性・被包感の概念を基底としつつ論究することであった。本章を終えるにあたって，その目的がどれほど達成できただろうか。まとめに変えてこの点について再考して今後の課題も含めて本章を終えることにしたい。

　幼児から受容・共感されることも含めて，保育の場における幼児は，たんなる「保育の受け手」ではなく，保育者とともに「保育の場を支える主体」になるという視点は筆者にとっては新鮮な内容であった。ボルノーの「庇護性・被包感」の概念を軸に，第一に，保育者から庇護され，被包されることを求める主体としての子ども像を浮き彫りにすることができた。そして第二に，保育の

場において，幼児も「保育者と共にその場を支える主体」としての子ども像にも肉薄することが多少ともできた。

「おとなによって支えられる」存在である子どもは，自分を「被包」してくれるおとなと「未分」の状態で結ばれている存在であることを理解している。だからこそ，おとなからの保護の中で安全に包まれる経験を持つことが可能となる。自らを「保護してくれる」存在であるおとなに対して，おとなと未分の状態である幼児は，何の疑いもなく，大人を信頼し，感謝することができる（井上，2017：26-27）。

原則として子どもに安心感を与えるのは母親である。しかしながら，穏やかで落ち着いた安全な日々を幼児に提供できる人は，母親に限定されない。幼児が学び育つために重要な要素は，幼児にとってそこが安全であり安心して過ごせる場所と時間を提供することである。それは母親以外でも可能である。いわば母親の代理としての保育士にもその可能性が開かれていることが傍証できた（中野，2016：66）。

すべての幼児がいつでも求めているのは「安心感」である。しかも幼児は，両親と過ごしていたときに感じたような「安心感」を保育所にも求めている。こうした「安心感」は，幼児がいる部屋が安全であることを母親によって保障されていることから生じる。

汐見稔幸は「倫理的雰囲気」の重要性に言及して次のように考えている。保育者は子どもたちとの日々の交わりのなかで，子どもに期待する行動の判断を無意識に表出している。子どもはその保育士の期待や倫理的雰囲気に合わせて行動するようになるという。これはまさにボルノーの教育的雰囲気と軌を一にした考え方である（佐藤，2011：238）。

佐藤はボルノーの教育的雰囲気の中心的課題である子どもと教育者の間の庇護性・被包感や信頼関係について次のように考えている。第一に教育的雰囲気とは，両者の間で成立し，すべての個々の教育的振る舞いの背景をなす情感的な条件であり，人間的な態度の全体を包含しているという。また両者を共通に包む同調の気分でもある。第二に子どもの被包感（庇護性）とは，具体的には子どもを保護する家庭環境のことであり，そうした場所では信頼され安定感を

与える大人から放射される感情で満ちている。こうした雰囲気的場において子どもは世界が意味を帯びた秩序を体感するのである（佐藤，2011：239）。

　また本章で筆者が新たに見出せた視点は，佐藤が紹介していた鯨岡の「エピソード記述」の方法論であった。なぜなら，それは，保育における「子どもの信頼」の視点から「保育的雰囲気」の意味を浮き彫りにし得るからである。「エピソード記述」とは，心を動かされたエピソードを忘備録として記録（エピソード記録）し，それに基づきながら，その出来事を他者に伝えるために書き直したものであり，鯨岡が提唱しているものである。鯨岡によれば，「エピソード記述」の視点において，保育中に子どものそばで気になる姿を見つけたときに，意識的に観察すれば，徐々に自ずと保育者の価値観が形成されてくる，という。保育者の価値観に従ってエピソードを拾い集め，それを暗黙の価値観に従って考察するうちに，日常性に埋没している保育のなかから，「特別の意味」（たとえば保育的雰囲気の重要性）を保育者自身が見出すようになる（佐藤，2011：240）。これはある意味で現象学的手法と共通点が見出せるがこれも今後の課題としたい。

　幼児から受容・共感されることも含めて，保育の場における幼児は，たんなる「保育の受け手」ではなく，保育者とともに「保育の場を支える核」になるとも言えるだろう（井上，2017：23）。この視点は筆者にとっては，新しい保育観であり，今後のボルノー教育学でも深く探究していきたい領域である。ボルノーの教育的雰囲気論で，保育教育の領域が含まれることは，これまでの筆者のボルノー研究でも十分に検討できていない部分である。今回，井上論文の指摘で初めて気づいたことなので，今後の課題としたい。

　また，もう一つの今後の課題は，先に触れた鯨岡が提唱している「エピソード記述」の視点に関連するものである。この視点を有効に利用しつつ，ボルノーの庇護性や保育的雰囲気の重要性をさらに，幼児教育の観点から傍証していくことである。小・中校生の教育的雰囲気については，筆者も過去に論じたことがあった。そこで，幼少連携の問題をこの保育的雰囲気を軸にさらに深めることが，第二の今後の教育的課題である。

　第三の今後の課題は，こうしたボルノーの庇護性をフランクルの哲学思想と

関連させることである。たとえば，フランクルの理論から多くを学んだベルン大学（スイス）の教育学者ベーダ・ヴィキによれば，子どもは母親との関係における信頼感に基づいて，既に人生の最初の日に「意味」を感じとっているという。こうした「信頼」や「庇護性」こそが，人間の最初の「意味の経験」なのである。子どもは何か包括的なものに包まれていることを体験しており，その中で自分の居場所と意義を感じとっている。子どもは自分に働きかけてくるもう一人の人間を，価値に満ち，信頼に値する存在であると感じる限りにおいて，「意味」を経験し，自らも信頼のおける責任ある人間へと向かって歩み出す（岡本，2021：188）。こうした岡本の論考は，ボルノーの庇護性概念や教育的雰囲気論を彷彿とさせるものであることは言を俟たない。ボルノーとフランクルの教育人間学の両者の共通項を探究することは新たな教育哲学的課題の一つとなりうる。

　子どもは徐々に，関係している人格との分離を経験する度合いが深まるにつれて，世界との間を経験するようになる。それゆえ子どもの「意味実現」は，驚きや感嘆という体験形態のなかで実現されるようになる。ボイテンディークによれば，「驚き」とは，知覚された事象の中身のある事実の前で立ち止まることである。この感嘆において主体である子どもは真理等を内包している世界のなかで没我的になることができるし，世界の「意味」を受けとり得るのである。子どもはこの「意味」を受けとれるからこそ，世界を肯定できる。こうして子どもの「体験価値」（フランクル）の実現によって，子どもの「意味」の地平は拡大していく（岡本，2021：189）。

　また，以下の「主客未分の現実に開かれる原経験」の考察は，フランクル，ランゲフェルト，西田幾多郎に共通する思想として奥深い内容を包摂している。たとえば，ランゲフェルトによれば，高く積み上げられた積み木はそれを突き崩してくれるように子どもに訴えかけている。滑り台はその上で滑ってくれるように訴えかけている。子どもはこうした訴えかけに対して反応し，そこから次第に新しい「経験」が整い始め，それが認知となり，言語的表現へと発展していく。こうした意味で，子どもは世界から呼びかけられ問われている存在であると言えよう。フランクルはそのことを「ものたちは花嫁のように精神的存

在者を待ち受けている」と比喩的に表現し，西田幾多郎は「もの来たって我を照らす」と言い切る。これらは，世界と自己が区別される以前の，「主客未分」の現実に開かれる原経験を意味すると岡本は把捉している。ランゲフェルトは，このことを意識的経験に先立つきわめて「無意識的な経験」であると把捉する。これがランゲフェルトの子どもの人間学独自の視点であり，子どもはこうして事物や人々の他者性を発見していくのである（岡本，2021：330-331）。こうした臨床哲学的な視点も今後の焦眉の課題となるだろう。

引用・参考文献

Bollnow, O. F. (1970) *Die pädagogische Atmosphäre.* Heidelberg, 4 Aufl.

ボルノー（1980）森昭・岡田渥美訳『教育を支えるもの』黎明書房.

ボルノー（1981）浜田正秀訳『人間学的に見た教育学』玉川大学出版部.

井上遥（2017）「＜被包感＞（Geborgenheit）の概念を軸にした保育者と子どもの教育的関係性についての一考察——O.F. ボルノーの教育理論を手がかりにして」『長崎短期大学研究紀要』第29号.

鯨岡峻・鯨岡和子（2007）『保育のためのエピソード記述入門』ミネルヴァ書房.

ランゲフェルド（1980）和田修二監訳『よるべなき両親』玉川大学出版部.

中野桂子（2016）「幼児の安心感——母親と保育士の人間学的考察」『家庭教育研究』21巻，研究ノート.

大江まゆ子（2021）「ポルトマン」広岡義之編『教職をめざす人のための教育用語・法規』改訂新版，ミネルヴァ書房.

岡本哲雄（2021）『フランクルの臨床哲学——ホモ・パティエンスの人間形成』春秋社.

佐藤嘉代子（2011）「保育実践における子どもの生を支える保育的雰囲気」『人間文化創成科学論叢』第14巻.

佐藤嘉代子（2021）『子どもと保育士がつくる哲学の時間——保育的雰囲気が支える対話的な学びの世界』萌文書林.

汐見稔幸（2004）「乳幼児の保育環境論」『保健の科学』46巻9号，杏林書院.

汐見稔幸（2010）「保育者の専門性って何だろう——まとめにかえて」汐見稔幸・大豆生田啓友編『保育者論』ミネルヴァ書房.

【初出一覧】本章は，下記より許可を得て本書に転載している。「保育者は幼児をどの

ように受け入れることが可能か？――ボルノーの教育的雰囲気と庇護性・被包感の一考察」『神戸親和女子大学児童教育学研究』第42号，163-180頁，2023年2月。

第2章

保育の基本

　本章では，保育とは何かという大きな問いの中から，①「保育という営みを支える保育者の役割」や「保育に携わる者としての保育者に求められる姿勢」について，保育者の経験（エピソード）をもとに，現在の自分と照らし合わせながら理解し，学ぶ。
　その後，②子どもの主体性を育む保育という営みについて，保育所保育指針が示す「養護及び教育が一体的に展開する保育」について，保育場面のエピソードや写真からその意義等を具体的に学ぶ。

第1節　「保育」という営みを支える

（1）私たちはどのように育ってきたのか

　保育とはなにかを考える前に，私たちがどのようにしてここまで育ってきたのかを振り返ってみたい。私たち人間は，生まれたときからつねに未知との遭遇を繰り返しながら生活してきた。「オギャー」と生まれ出たこの世界は，私たちにとってすべてが初めての世界であった。そのような中，私たちは，1歳ごろになると自分の足で歩くことを覚え，2歳ごろには周囲の大人に見たこと感じたことを片言で伝えられるようになり，3歳ごろになると食事，排泄，着脱などの基本的生活習慣が自立し，自分のことは自分でできるようになった。そして，大人になった今もさまざまな初めてに出会いながら，一つひとつ学び体得し，変化を遂げているのである。
　そこで，考えてみたいことは，私たちはどのようにして「自分」となってきたのかである。もちろん私たちは，生まれたすぐから言葉の意味を理解しているわけではなく，歩き方や基本的な生活習慣を獲得しているわけでもない。

では，どのようにして「人」として
成長し，自分という人格を創り上げて
きたのか。そこには，さまざまなモ
ノ・人・出来事との出会い，そして，
それらを通して自分自身とかかわり，
内面の世界を充実させながら，人格を
形成してきたという過程がある。そし
て，そこには必ず先達である大人の存
在があり，その身近な大人の一人が保
育者であったのである。

**図2-1 モノと対話する，モノを介して
自分と対話する**

出所：筆者撮影。

（2）子どもにとっての大人の（保育者）の存在

　みなさんは子どもにとって保育者とは，どのような存在であると考えるだろ
うか。このように問うと，大抵の人は自身の経験を思い起こし，自身が子ども
だったときに出会った保育者やその保育場面，中学生のときに行った職場体験
などを思い浮かべるのではないだろうか。このように，私たちは自身が経験し
てきたことや，そこで出会った人の姿，出来事が基盤となり，そこにそのもの
の意義を見出すのである。ここでいえば，保育者の役割と社会的意義を見出す
のである。

　「人間の一生は，先天的に与えられた遺伝子をもったいのちが，後天的に与
えられた環境と関わる経験によってつくられる。したがって，環境による経験
の有無や，その量的・質的な差異は，人間形成に決定的な影響を与える」（岸
井，2003：4）と岸井が，説いていることからも，保育者が子どもにとってどれ
ほど影響力のある存在であるかが理解できるであろう。もしかすると，今これ
を読んでいる人の中にも，今まで出会った保育者がきっかけとなり，保育の道
を目指した人や子どもの世界に興味を持ち始めた人もいるかもしれない。

　さて，ここまでの話から，みなさんは保育に携わる者の役割についてどのよ
うなことを感じているだろうか。筆者は少なくとも2通りの思いがあるのでは
ないかと推察する。①子どもにとっての保育者の存在の大きさを知り，改めて

保育者を目指したいと思いを強くしている人，②保育者ってそんなに責任の重い職業なの……と心が少しグラッとした人もいるかもしれない。

　もし，今，心が揺れている人は，ここで立ち止まらず考えてほしい。先にも述べたように，人は人を通して，人とともに成長する存在である。つまり，皆さんも子どもと一緒に考え，成長し続ける人，変化し続ける可能性を持った人なのである。ぜひ，ここでくじけず自分を信じて，これからなりたい保育者像をイメージし，読み進めてほしい。

第2節　保育に携わるものとしての保育者

（1）子どもに問うこと，対話すること

　みなさんは，「子どもに問う」というと，どのようなことを想像するだろうか。わからないことや相手の考えを知ろうとして質問することだろうか，言葉での投げかけをすることだろうか。子どもを知るためには，そのように問うだけではなく，見つめる（観察する）という関わりも大切なのである。ここで，新人保育者Aさんの経験を共有する。

　Aさんは，初めての一人担任ということで不安と期待が入り混じる中，保育室の扉を開けた。すると，そこにあったのは，環境が変わったことにより落ち着かない子どもの姿，不安げな顔であった。Aさんは，どうしたらいいのだろう，誰からどのように関わればいいのだろうと戸惑ったようだ。

　しかし，ここでAさんは思考を切り替え，「私はまだ子どもたちのことを何も知らない。だから，この子たちの思いや好きな遊びを知りたい！」と観察することから始めてみたそうだ。すると，ブロックで他児を叩いていた子はもっと多くのブロックを使用して大きな剣を作りたがっていたこと，不安げな顔で部屋の隅に立っていた子は一人の空間を求めていたことに気が付いたそうだ。そして，一つひとつの遊びの環境を再度検討したことで，子どもたちに少しずつ落ち着きが見られ，「明日もこの遊びするんだ」という明日（未来）への声が聞かれるになったそうだ。

　このエピソードからAさんは，目の前の子どもたちの姿（思い）を落ち着い

て観察してみることにより，子どもの奥にある思いや子どもの姿を多角的に捉えることが可能になることを知ったのだ。つまりAさんは，目の前の子どもの行動をだた見ているだけでは，子どもの内にある思いに触れることはできないと気づいたのである。また，自身の心の中にある「どうしよう」という言葉を観察（じっくり見つめる）という形で子どもに投げかけたことで，問い，対話し向き合うことの重要性と，そこから生まれる信頼関係（絆）を感じたということであった。

　保育という営みを行う保育者の姿勢について，子どもを丁寧に注意深く見て，理解する（わかる，納得する）必要があり，保育者に求められているのは，子どもが何をどのように，そして，なぜしようとしているのかを子どもに聴くことである（佐伯，2017：6）と佐伯が述べるように，Aさんはその関わりを体現し，子どもと対話していたのである。私たち大人は，子どもよりも少し先を歩いてきたため，自身の経験と子どもの姿（行動）を重ね合わせ，「きっとこうであろう（こうなるであろう）」と，子どもの行動を先読みしてしまう癖があるように思う。しかし，保育者に求められているのは，その先読みを持ちつつも「本当にそう？」と子どもに問うことであると気づかせてくれるエピソードであった。

（2）自分に問うこと，対話すること

　人が自分で気づき，考え，選択し主体的に行動する（成長する）ためには，心が動いている自分，動かされている自分に気付くことができるかということが大変重要になってくる。つまり，保育者が自身の思いを受け取り，そこに第三者としての自分を見つめ，自分に問い，自身の思いと対話することができるかによって，そこでの体験を経験とできるかどうかが変化するということである。

　ここで，保育者Bさんの経験を共有する。Bさんは，日頃から一つひとつの出来事や子どもの言葉，行動に丁寧に向き合いながら保育に取り組んでいた。しかし，ある日Bさんは，自分一人では解決できない子どもの問いに出会い，気持ちが揺れ，不安になって相談にやってきた。「どうしたらいいですか」と

いうＢさんの問いに「Ｂさんはどうしたいですか」「Ｂさんはどのように感じていますか」と返す筆者……このやりとりが何度も続いた後，Ｂさんが「わかりました！」と声をあげ，次のように話し始めた。

「私は今まで，自分の考え（関わり）が子どもにとって合っているのかと，とても不安でした。でも，不安なのに不安だと周りの保育者に相談ができませんでした。どうしてだろうと考えてみると，自分の思いを伝えたときに相手の思いや考えが自分と違うことが怖かったんだと思います。それと……自分なりの答えを出せない私，わからない私が恥ずかしくてそんな自分を認めたくなかったんだと思います。今の不安や苦しさも子どもの問いに対してではなくて，私の中にある思い（感情）であると気づきました」

その数日後，Ｂさんから届いたメールには「恥ずかしいし，生意気にうつるかもしれませんが，先輩保育者や子どもたちに自分の不安な思いを伝えることが少しだけできるようになり，気持ちが楽になりました。これからは，なるべく自分の素直な思いを伝えていきたいと思います」と書かれていた。

保育者とは，いつも笑顔で，優しくて穏やかで，子どもの気持ちを常に理解していて……世間の保育者のイメージは，このような「こうあるべき」保育者像で固められているのかもしれない。しかし，このＢさんのエピソードからわかるように，保育をしている保育者にも感情があり，保育者自身が未完成な存在なのである。したがって，先に述べたようなキラキラ保育者で毎日を過ごせるわけではない（筆者は，だからといって，心が荒れ果てた感情剥き出しの保育をしようと言っているわけではないことを付け加える）。

そこで，重要になってくるのが「自分に問い，対話すること」である。Ｂさんのように，今ある感情を自分の感情である（自分が自分に向けた感情である）と素直に受けとり，第三者的に自分と対話することで，また違った自分（意見や思い）に出会えるのである。つまり，子どもを見つめる保育者自身が自分の思い（感情）を吟味し，受け止める主体的な存在であることにより，他者とも対話できるのである。そして，この新たな自分（意見）に出会える面白さや苦しさを感じられたとき（自分を認められたとき），人は自分主体（自分に責任を持つ）となり，対話的で深い学びを得て，変化するのであろう。

（3）共に考え，共に育つ存在としての保育者

ここで改めて，保育者とはどのような存在であるのかを考えてみたい。

三谷は，子どもとともにあるおとなの在り方における「共感」について，大人は子どもに対する理解やかかわりになると，どうしても，答えを求めたり，正解を求めたりしてしまうところがあると述べ，その思

図2-2　積み木と触れ合う大人たち
出所：筆者撮影。

考こそが子どもを下に見ているのではないかと私たちに問題提起している（三谷，2013：145-148）。そして，子どもの「わからなさ」や「未知性」を引き受け，一緒にその感情を引き受けることが共感であり，保育者のそのようなかかわりが子どもの支えになると説いている。

また，西は，保育は関係によって成立するとし，「子どもたちは一人ひとり意志と感情，尊厳をもった人間であって，一方的にコントロールするわけにはいきません。一人の人間としての子どもと向き合うとき，そこには相手の主体性への敬意があります。子どもを主体的な存在として受けとめ，子どもが生かされるような保育をつくっていく過程に，保育者の主体性が表れます。」（西2021：27-28）と，保育者と子どもは互いに学びあっていく点で対等であると述べている。

つまり，保育者とは，子どもの気持ちを先読みして完璧に理解できる人なのではなく，今，子どもの観ている世界をそのまま受け止め，その世界を知りたい！　教えて！　と追走（ときには並走）できる人なのである。また，子どもたちに起こっている出来事に対して，良し悪しを判断する存在ではなく，私だったらと考え，ときには子どもと意見をぶつける（対話する）ことで共に育ち合う存在である。さらに，「保育とは職業としてあるだけでなく，人間の存在をかけた行為である」（津守，1997：296）と言われるように，保育者は保育をする人というだけではなく，保育を通して出会う人々や起こる出来事と相互的に関わりあいながら，考え，育ち自己を高めていく存在であるといえるであろ

う。保育者自身が社会の一員として，主体的で対話的で深い学びをし続けられる人であることが求められる。

第3節　養護と教育が一体化するとは

　ここからは，保育者が行う保育について考えていく。保育所保育指針では，「保育所における保育は，養護と教育を一体的に行うことをその特性とするものである」としており，「養護と教育が一体的に展開される」ことに留意する必要があることを示している。つまり，「養護」と「教育」のどちらも揃うことにより，保育となる。では，「養護」と「教育」とはどういったことを指すのか。また，「養護と教育が一体となった保育」とはどのようなものなのか，この節では，「養護」と「教育」，「養護と教育が一体となった保育」について考えてみたい。

（1）養護とは

　保育所保育指針では，「養護」（Care：ケア）とは「子どもの生命の保持及び情緒の安定を図るために保育士等が行う援助や関わり」であると示されており，保育においては子どもの生命の保持や情緒の安定が図られていることが必須であるとされている。つまり養護とは，子どもたちの大切な命と健康な体が守られていること，そして，子どもたちの心が守られていることであるといえる。

図2-3　心地よい0歳児保育室

出所：筆者撮影。

　子どもは，身近な大人（信頼
できる大人）に自分の思いを受
け止めてもらい，応答的に関わ
られることを通して，情緒の安
定（気持ちを整える力）が育まれ
ると言われるように，子どもた
ちは安全基地である大人に心地
よい環境と関わりを保障される
ことにより，自ら主体的存在と
して育つことができるのである。

図 2-4　安全基地としての大人
出所：筆者撮影。

　そこで，私たち大人は，「人は誰し
もが未熟な状態で生まれ，身近な大人
に依存し，保護してもらう存在であ
る」ことを念頭に置きながら子どもと
関わる必要があるであろう。また，保
護するとは，危険から命を守るだけで
なく，あたたかい愛情を注ぎ，自分は
愛されている，愛されるべき存在であ

図 2-5　あたたかな 0 歳児の食事
出所：筆者撮影。

ると子どもたちが自分の価値に気づけるように，保育士が愛し，願いながら行
う援助や関わりである。

○ 0 歳児の生活場面での養護

　ここで，写真の場面を通して考えてみよう。図 2-5 の写真は，0 歳児クラ
スの食事場面である。さて，あなたはこの場面からどのようなことを思い，感
じただろうか。それぞれ感じ方や目に入ってくるものはその時々の状況によっ
て異なると考えられるが，印象的であるのは，保育者が笑顔で見つめる視線，
0 歳児が自ら食具を持ち，食事に向かう真剣な表情ではないだろうか。

　きっと保育者の笑顔には，目の前の子どもに向けた「あなたを見守っている
よ」「あなたの思いを受け止めているよ」「あなたの可能性を信じているよ」な
どたくさんの共感的な思いと子どもの育ちを信じる気持ちが込められているの

ではないだろうか。そして，０歳児がこのように自ら食材を口に運ぼうとする姿の背景には，保育者（園）が家庭と連携しながら個々の生活リズムや発育・発達状態・性格を把握した上で行う細やかな援助（言葉がけ，行動）があったと考えられる。

> **ポイント**：この真剣な表情と動作が見られた背景として，個々の生活リズムや発育・発達状態を把握した細やかな関わりが土台にあり，欲求が適切に満たされた状態であったと言える。また，その上にあたたかで応答的な関わりがあったことで見られた姿であろう。つまり，子どもは泣きじゃくる自分であっても，うまくできずに癇癪を起こす自分であっても，ありのままの自分を信じ，受け入れてもらうことで安心して生活できているのである。

○ ５歳児の遊び場面での養護

次に，図２-６を通して考えてみたい。これは，３～５歳児クラスの遊び場面の写真である。さて，あなたはこの場面からどのようなことを思い，感じただろうか。

もしかすると，５歳児が保育者の膝に頭をのせ，腕の中に包まれている姿に珍しさを覚えた人はいないだろうか。たしかに３歳以上児になると，生活の面では基本的な生活習慣が身につき，遊びの面では子どもたちだけで遊びを進める場面が多くなる。そのため，保育者が必ずしも手の届く距離に寄り添っておらずとも子どもたちだけの空間が作られてくることから，このような場面は３歳以上児の保育場面でそう多く見られる場面ではないかもしれない。また，養護という言葉は，幼稚園教育要領では使用されていないため，３歳以上児にこのようなかかわりは必要ないと思われるかもしれないが決してそうではない。養護的関わりは，３～５歳児であったとしても必要不可欠なものである。

図２-６　あたたかな腕に包まれる５歳児
出所：筆者撮影。

この写真の背景を少しお話しすると，この日は園に多くの見学者が訪

れており，子どもたちにとっては非日常の光景が広がっていた。みなが自分に目線を向け，なにやら笑いかけてくる……C男にとって，そんな不思議で奇妙なことはなかったであろう。そのような中保育者は，C君の何か落ち着かない気持ちを瞬時に汲みとり，彼の思いのまま抱きしめたのである。

　先に述べたように養護とは，子どもの心を守り，育むことである。浅木が，肌にふれるスキンシップは主観的で脳に広範囲に直接働きかける作用があることから，子どもは親に抱かれ，しがみつき，手を握り，肌と肌とのふれあいを繰り返すことによって相互に心地よさを味わい，愛情が深まる（浅木，2023：11-12）と述べるように，子どもは目と目を見つめあわせるだけでなく，ときにはこのような肌同士の関わりを通して心の安定を図り，自分の居場所を確かなものにしていくのである。

> ポイント：養護的側面から子どもとかかわることは，いくつになっても変わらないと言え，3歳以上児であっても，保育者がそのときどき（状況）での子どもの内にある思い（声）を聴き，心の安定にかかわることにより，子どもは安心して周りの環境に目を向け，自ら関わり自己決定し，自立していく力を育んでいくのである。

（2）教育とは

　みなさんは「教育」と聞くと，どのような場面を思い浮かべるであろうか。保育者が子どもに「○○したらいいよ」と言葉で教えてあげる場面，子どもが机に向かって必死に文字を書いている場面などを想像する人がいるかもしれない。しかし，「教育」とはそればかりではなく，子どもたちが自ら環境に関わり，そこから生まれる相互作用を通して生きる基礎となる力を身につけていく過程にかかわる（援助する）ことである。

　保育所保育指針では，乳幼児の「教育」（Education：エデュケーション）を「子どもが健やかに成長し，その活動がより豊かに展開されるための発達の援助」であると示されており，幼稚園教育要領では，幼児期の教育を「生涯にわたる人格形成の基礎を培う重要なもの」と示している。そして，幼保連携型認定こども園教育・保育要領では，「子どもの生涯にわたる人格形成の基礎を培う重要なもの」としている。つまり，乳幼児にとって教育とは，「子どもが一

図2-7　靴下を手渡す1歳児

出所：筆者撮影。

人の人（自分）として成長していくための生きる力の基礎を培う重要な過程（経験）に関わり，援助することであると言えるであろう。

○1歳児の生活場面での教育

図2-7の写真は，1歳児が保育室に入る際に，自ら靴下を脱ぎ，保育者に手渡している場面である。さて，あなたはこの場面のどこに教育的要素を感じとったであろうか。靴下を脱ぐという行為は，私たち大人にとっては，ほんの数秒で，いとも簡単に行える動作である。しかし，1歳児にとって足にピタッとくっついた靴下を指や手の平全体で握り脱いでいくというのは，そう簡単ではない。

足を上げ下げし，何度も靴下を握り直し，少しずつ脱げていき，スポッと脱げたときには思わず「よ〜し！」と声が出そうになるのではないだろうか。また，ときには力いっぱい引っぱった靴下が，思いのほか簡単に脱げて驚いたということもあるかもしれない。このようにして子どもたちは，靴下を脱ぐという動作から，引っ張る，つまむ，握るなどの力をつけるだけでなく，身体の使い方を学んでいるのである。

そして，忘れてはいけないのが脱いだ靴下を笑顔で保育者に手渡しているこの行動である。この姿に自分も大人と同じようにできたことの喜びが表されており，「僕の靴下をどうぞよろしくお願いします」という声が聞こえてきそうである。

このときに保育者が「靴下脱げたね」などと声をかけることにより，今，手に持っているものは靴下であり，この行為が靴下を脱ぐという行為であることを理解するだけでなく，また今度も大人の真似をして挑戦しようという気持ちが育まれていくのであろう。

ポイント：3歳以上児の生活における靴下の着脱の場面を見つめてみると，靴を履く前には靴下を履く，水遊びをする時や午睡の際には靴下を脱いで片付けるという姿が見られる。

　これは，3歳になり，突然できるようになったことではなく，それまでの生活経験から育まれた姿である。最初は，保育者に「お部屋で靴下を履いていたら滑るから脱ごうね」と脱がせてもらっていたことだろう。そこから，保育者が脱がせてくれるところに自分の手を添えてみて……手伝ってもらいながら脱ぐ……という一つひとつの経験の積み重ねにより，育まれた習慣である。

図2-8　2歳児の靴の着脱

出所：筆者撮影。

○2歳児の遊び場面での教育

　図2-9は，2歳児クラスのしっぽとりゲームの一場面である。さて，あなたはこの場面からどのようなことを思い，感じただろうか。ここには，3人の子どもたちが写っているが，まずゼッケンを着用した2人に注目してみると笑顔がキラキラと輝いており，何か思いを共有しているように見える。しかし，よくみてほしい。どちらも手には数本のしっぽ（縄）を持っているが，自身にしっぽはついていない。次に，後ろを走るA君だが，そもそも最

図2-9　2歳児それぞれのしっぽ取りゲーム

出所：筆者撮影。

初からしっぽはつけておらず，誰かのしっぽを取るわけでもない，ただひたすら走っている。

このような場面に遭遇すると私たち大人は，これではしっぽ取りという遊びが成立していない……ルールを知らせてあげなくては（教えてあげなくては）と，ルールやルールを守って遊ぶことの楽しさを知らせることが教育であると思ってしまいがちであるが，実はそれだけではない。なぜなら，この時点ですでに子どもたちは自身で大きな学びを得ているからである。

まず，笑顔の二人はしっぽがとれたことでの快感だけではなく，しっぽを引っ張るときの手の感触や感覚，走るスピードの調節，また，しっぽを取りやすい工夫，さらには喜びや遊びの楽しさの共有のあり方（友達とのかかわり方）を体得していると思われる。次にA君だが，周りでしっぽ取りが行われていることは理解しつつも，我関せず走っている。これは，A君なりに自分を満たす遊びを自ら選択している姿であり，他児とぶつからないように（邪魔されないように）走る工夫も見られる。このように子どもたちは，何かを大人に指導（指示）してもらうだけの存在ではなく，自らで選択し，学び取っていく存在なのである。

> **ポイント**：子どもたちは遊びの中で感覚を研ぎ澄まし，モノ・人・出来事に個々として出会いながら，五感（視覚・聴覚・味覚・嗅覚・触覚）をフルに使い，自分で学び取っていく存在であるため，保育者には子どもを見つめ続け，子どもの行動から思いを受けとり，一緒に感じ，考える姿勢が必要なのである。

（3）養護と教育が一体的に展開される保育とは

ここまで写真を通して一緒に考えてきたが，筆者の話の矛盾に気づき，何やらザワザワ，モヤモヤしている方がいるのではないだろうか。なぜなら，筆者は最初に，保育とは「養護と教育が一体的に展開されることに留意する必要がある」と述べているにもかかわらず，写真からの検討では，養護と教育のどちらか一方の側面でしか語っていないのである。

それでは，ここでもう一度，図2-5と図2-9の場面を振り返って考えてみよう。

　図2-5の養護的側面については先に述べた通りであるが，教育的にはどうであろうか。「教育」としては，自分で食べたいという気持ちを尊重し，自らスプーンを使用して食事を口に運ぶ姿をあたたかな眼差しで見守りながら，食材の大きさを調節するように伝えたり，食具の持ち方を伝えたりと食事の自立のために

図2-10　「自分で」を大切にする食事
出所：筆者撮影。

必要な気づきを促し，見守る保育者の存在がある。

　子どもはこのような関わりを通して，自ら食事に関わる過程を経験し，食事という行為自体を認識するだけなく，食材の匂い，食感，食具の使い方などを認識していく。ときには，食具ではなく，指でつまんで食べたり，お茶碗をそのまま持ち上げたりしながら，よりよい食事を自分なりに考え，食事の基本的な生活習慣を身につけていくのである。顔や指に張りついたわかめも「気持ち悪い」に気づく（違和感に気づく）大事な要素なのである。

　次に，図2-9の場面での養護について考えてみよう。まず，空間的環境であるが，プレイルームとはいえ，収容人数が無制限ではもちろんない。そこで，危険がないように人数の調整や環境構成を行っているのが保育者である。また，遊びの中でしっぽを取られたことが悲しくて泣いている子，怒っている子，さまざまな子の気持ちを受け止め，励ますのも人的環境としての保育者である。

　子どもはそのような場面において，ありのままの姿や思いを受け止め，あたたかいまなざしで見つめ，ときには励まし，問いかけてくれる保育者が側にいてくれることにより，自

図2-11　しっぽ取りゲームを見守る保育者
出所：筆者撮影。

分の気持ちを自分で立て直し（消化し），納得して前に進むことができるのである。転んだときに，そっと足を撫でてくれ，涙を拭ってくれるあたたかい保育者の手（存在）に私たちもどれほど助けられてきただろうか。あの手の感触，心満たされる時間は一生の宝物となり，子どもたちの今後の人生の支えとなるであろう。

ポイント：子どもたちは私を裏切ることなく，ありのまま受け止めてくれる人がいると思っている。私は愛されていると実感することにより，自分がいるこの世界を信頼し，世界を拡げていくのである。つまり，生命の保持とともに情緒の安定がなされることによって，周りの環境と主体的に関わることができ，その関わりを通して生活や学習の基盤である生きる力（人との関係や，社会のルール）を育み，自分として自立していくのである。まさにこの自立していく姿こそが養護と教育が一体化したものであり，この成長過程こそ，養護と教育が一体的に提供されることの意味であると言える。

図2-12　子どもの創り上げた世界

出所：筆者撮影。

引用・参考文献

浅木尚美（2023）『絵本力——SNS時代の子育てと保育』ミネルヴァ書房.

開仁志（2024）『改訂新版　マンガとアクティブ・ラーニングで学ぶ保育内容総論』教育情報出版社.

岸井勇雄（2003）『保育・教育ネオシリーズ［1］幼児教育の原理』同文書院.

子どもと保育総合研究所（2013）『子どもを「人間としてみる」ということ——子どもとともにある保育の原点』ミネルヴァ書房.

厚生労働省編（2018）『保育所保育指針』フレーベル館.

文部科学省編（2018）『幼稚園教育要領』フレーベル館.

内閣府・文部科学省・厚生労働省編（2018）『幼保連携型認定こども園教育・保育要領』フレーベル館.

佐伯胖（2017）『「子どもがケアする世界」をケアする――保育における「二人称的アプローチ」入門』ミネルヴァ書房.

関口はつ江・田中三保子・西隆太朗（2021）『保育者論――共感・対話・相互理解』萌文書林.

津守真（1997）『保育の地平――私的体験から普遍に向けて』ミネルヴァ書房.

山口創（2004）『子供の「脳」は肌にある』光文社.

【写真協力】さいび園・大徳学園・北陸学院大学：学生（金沢市）・郷こども園（白山市）

第3章

保育における「子ども理解」

　「誰かを理解する」とは「その人の気持ちや立場を察すること」である。私たちが子どもの気持ちを察するときに，気づかないうちに利用しているのが，「子ども観」「神話」「知識」「実践知」などである。これらは私たちの財産ともいえるのだが，先入観や思い込みを生み出すことがある点に注意しよう。先入観や思い込みは，目の前にいるたったひとりの子どもを見えにくくする。自身の先入観の傾向を知り，それにとらわれ過ぎないように，自身を調整していこう。そのためにも，子どもたちがいる現場に身を置き，子どもたち一人ひとりの生きざまを，みなさん自身の身体を通して認識し，認識した事象について，誰かと語り合ってほしい。語り合いのなかで，希望と未来がみえてくるに違いない。

第1節　「子ども」について考える
――「子ども観」と「子育て神話」

（1）あなたの「子ども観」と誰かの「子ども観」

> 演習1
> みなさんは，0～6歳の子どもについて，どのようなことを思い浮かべますか。自分で考えた後，周囲のみなさんと話し合いましょう。

　保育者や教師を目指す大学1年生に，「子ども（1～6歳）をどのような存在だと考えますか」と尋ねたことがある。「元気である」「明るくのびのびしている」「かわいい」や，「感性が豊かである」「創造力がある」「無限の可能性を持っている」といった肯定的な側面は，幼児教育コースの学生も他のコースの学生も，同じように評価していた。しかし，「落ち着きがない」「さわがしい」「何を考えているかわからない」や，「弱い」「単純である」「大人が教えなけれ

ば何もできない」といった否定的な面は，保育者を目指す学生よりも保育者を目指さない学生の方が，より強く認識していた（滝口，2011）。こうした子どもについての印象や信念を「子ども観」と呼ぶ。どのような子ども観を抱くかは，自由である。他者と共有できるものもあれば，異なるものもある。

　保育者になった私の友人は，学生の頃，「子どもがあまり好きではない」と言っていた。私たちは幼児教育コースに所属していたので，当時はとても驚いた。しかし，友人は「保育が好き」だったのだ。卒業後，その友人は，保育者として生き生きと活躍していた。

　私たちは，それぞれに子ども観をもっている。あなたの子ども観は，これまでの知識や経験から得られたあなただけの賜物だ。ぜひ，あなたの子ども観を大切にし，今後も磨き続けていただきたい。そして，誰かの子ども観も，同じように受け止めていただけると嬉しい。

　子ども観は，あなたの保育を豊かにすることもあれば，縛りつけることもある。「子どもは明るくのびのびしている」と思っていただけなのに，いつのまにか，「子どもは明るくのびのびしていて当たり前」「そうできない子どもはおかしい」「保育者がそうさせないといけない」という思い込みに，すり替わっていることがある。その変化は，自分でも気づかないうちに起こるので，誰も避けることができない。もちろん私もだ。では，どうすればよいのだろうか。本章を通して，考えていこう。

（2）「してあげたり」「させたり」したくなる私たち

　演習2
・3歳児クラスの子どもが服を着替えています。下着の前と後ろが逆になっています。
・5歳児クラスの子どもが，すべり台の上に，水の入ったバケツを運ぼうとしています。
　以上のような場面に出会ったとき，みなさんならどうしますか。自分で考えた後，周囲のみなさんと話し合いましょう。

　演習2の3歳児の着替えの場面で「下着を<u>なおしてあげる</u>」という回答や，

5歳児がバケツを運ぶ場面で「バケツを運ぶのを**やめさせる**」という回答が出たかもしれない。

「下着を**なおしてあげる**」の「てあげる」は，辞書によると「てやる」の丁寧な言い方だ。言い方は丁寧だが，大人の独断による行為といえそうだ。子どもがどう思っているかなど，大人は気にも留めていないのだ。一方の「させる」はどうだろうか。こちらも辞書によると，「人にある行為をするようにし向ける」「することを許す」とある。やはり，子どもを意のままに統制しようとする大人の意志が，見え隠れする。

もちろん，「てあげる」行為も「させる」行為も，ときには必要だ。子どもを守り育てるという責務を果たそうとするがゆえの行為だ。しかし，私は懸念する。「てあげる」や「させる」という言葉を，無批判に，無自覚に使い続けていると，子どもを自分の思うように操ることが望ましい保育だと考えるようになるのではないか。子どもを自分の指示に従わせる保育者が優れた保育者であると，考えるようになるのではないか。子どもには子どもの意思があるなどとは微塵も思わない保育者が，生まれるのではないか。そのことを，心から恐れる。

では，3歳児の「下着を**なおしてあげる**」という文を，修正してみよう。どのような表現が考えられるだろうか。「"てあげる"を取る」のが，最も単純な修正だ。「下着を**なおす**」にすればよい。5歳児の「バケツを運ぶのを**やめさせる**」はどうだろう。「バケツを運ぶのを**やめるよう促す**」「バケツを運ぶのを**やめるよう声をかける**」「バケツを運ぶのを**とめる**」などがありそうだ。

つまり，「動作主（その動作をする人）」が「○○する」という表現にして，「てあげる」や「させる」を取り除くとよい。3歳児の事例は「大人」が「（下着を）なおす」，5歳児の事例は「子ども」が「（運ぶのを）やめる」や「大人」が「（運ぶのを）とめる」が，骨格となる事実である。目の前の事実だけを記述することできるようになったとき，あなたの子ども観は変わっているはずだ。子どもは，子どもだけれども「ひとりの人」だ。その意味では，あなたと対等

---

*1 「5歳児がバケツを運ぶのをとめる」のは，あまり面白みのない関わり方だ。ぜひ，色々な関わり方を，楽しみながら探ってほしい。

なのだ。

　以上は，「保育者」に留意してほしいことである。一方，「親」は，自分の子どもに対して，「てあげる」「させる」という意識を持ってしまうものかもしれない。とはいえ「親」も，自分も子どもも，人として対等であると思えるに越したことはない。

（3）「子育て神話」との向き合い方

　日本内外には，子育てにまつわる神話がある。神話というのは，根拠が明らかではないのに，人々によって事実だと信じ込まれている事柄だ。日本で広く知られているのは「3歳児神話[*2]」だろう。本項では，「子育て神話」を取り上げる。

　ハリス（Harris, J. R.）（2017）によれば，「子育て神話」とは，「遺伝子以外で子どもの成長に影響を及ぼすのは親の育て方である」という仮説である。ハリス（2017）は，「親は子どもの生得的な性格を変えることはできない」と説く。子どもの性格形成において，親の子育ての影響はほとんどないというのだ。なかなか刺激的な提言である。みなさんは，どう思われるだろうか。

　教育心理学や行動遺伝学を専門とする安藤（2022）も，親の子育ての影響は少ないと訴える。一卵性双生児と二卵性双生児を対象に，遺伝の影響を調べた結果，学業成績，性格，才能など人間の行動のほとんどは，「遺伝＋非共有環境」で説明できる（安藤，2016）というのだ。

　「遺伝」とは，子どもが親から受け継ぎ，独自の組み合わせとして生まれつき持っている遺伝子型の全体である。「共有環境」とは，家族のメンバーを似させようとする方向に働く環境のことで，家庭内の習慣やしつけなどが該当する。「非共有環境」とは，家族のメンバーを異ならせようとする方向に働き，遺伝からも（しつけのような）意識的な統制からも支配されない環境のことである。「その人にとっての，そのときの，その場限りの，いまやっているそのこ

---

*2　「3歳児神話」は，3歳までは家庭で母親のもとで育てないと，その後の成長に悪影響を及ぼす（厚生省，1998）という言説であり，日本では戦後1960年前後に定着した（高山，2002）らしい。厚生省（当時）（1998）は，「合理的な根拠は認められない」との見解を示した。

とに関しての環境」で，その本質は「運」「偶然」「ガチャ」らしい。

　安藤（2016）によれば，私たちの性格は，だいたい30〜50％が遺伝によるもの[*3]で，残りは非共有環境で説明されるようだ。また，9歳時点の学業成績（国語，算数，理科）は，遺伝の影響が6〜7割程度，非共有環境が2割程度，共有環境が1割程度であった。

　人間の行動の多くは（すべてではない），「共有環境」よりも「非共有環境」に影響を受けるということであり，例えば，「あのときの，あの先生の，あの授業」「あのときの，あの本の，あの一節」が，自分をここにいたらしめていることに，ふと気づく。そして，子どもたちにとって，園や所での出来事や，そこで出会う保育者は，「非共有環境」かもしれない（そうでないかもしれない）。親の育て方と同じくらい（あるいはそれ以上に），保育者の関わり方も重要なのだ。

　現在の日本の子育て事情はどうだろう。親の育て方が，子どもの育ちに最も影響を及ぼす。園で落ち着きがないのは，家庭に問題があるから。子どもが不登校になるのは，親の育て方が悪いから…。いたるところ，そういう「子育て神話」で埋め尽くされている。私たちは，そういう「子育て神話」で，親を追い詰めてはいないだろうか。支援しているつもりが，知らず親を苦しめていることはないだろうか。

第2節　「子ども理解」について考える
――「理解する」ことは「察する」こと

（1）私たちが「理解された」と感じるとき

> 演習3
> あなたが，誰かに「理解された」と感じるときは，どのようなときでしょうか。自分で考えた後，周囲のみなさんと話し合いましょう。

　誰かに「理解された」と実感するのは，どのようなときか。私自身の経験を

---

*3　ここでいう性格は，5因子モデルに含まれる神経質（不安が強いかどうかなど），外向性（他者に温かいかどうかなど），開拓性（新しいことに興味を抱くかどうかなど），同調性（他者に誠実であるかどうかなど），勤勉性（規則を守るかどうかなど）のことである。

踏まえると，「自分の考えを受け止められたとき」や「自分でもわからない自分のことを言い当てられた（ような気がした）とき」であるように思う。ぜひ，みなさんの実感を語り合っていただきたい。

　例えば，「そうだね」「私もそう思う」「すごくわかる」という反応があると，「自分の考えを受け止められた」ようで，嬉しくなるし，満たされた気持ちになるように思う。また，自分のことなのに自分でもわからない，どう頑張っても説明することができないときに，「こういうことかな？」「こういう気持ち？」「これが関係ありそうだよ」という提案があり，その内容が自分の状況を言い当てている（ような気がした）としたら，私たちは安堵し，混沌とした状況が整理されたような気持ちになるだろう。それは，「あなたが私を理解する」機会であると同時に，「私が私を理解する」機会にもなっているだろう。

（2）それでも，子どもを「理解したい」私たち

　基本的に，「子どもを理解する」主体は「保育者」である。辞書によれば，「（誰かを）理解する」とは，「他人の気持ちや立場を察すること」とある。私とあなたは個別の存在なので，誰も，あなたが感じているようにあなたの気持ちを体験することはできない。あくまで「推察する」ことしかできないのだ。この点は，とても重要だ。私たちは，相手の気持ちや立場を「推察する」ことで，「理解した」ことにしているのだ。

　私たちは「子ども理解」という用語を，あまり深く考えることなく使用している。その背景にある子ども観を考えてみて欲しい。例えば，「大人は，子どもについて，大抵のことはわかる」「子どもは，大人が理解してあげなければならない対象である」「子どもが大人を理解することはあり得ない」などは，どうだろう。

　子どもと大人は個別の存在なので，子どもが感じているように体験することは，誰にもできない。「大人は，子どもについて，大抵のことはわかる」というのは，思い込みかもしれない。その一方で，「子どものことがわからない」と，ため息交じりにつぶやく保育者に出会うこともある。自信をなくしているようにみえる。「わかる」という思い込みも，「わからない」という尻込みも，

どちらも抱えながら，しかしどちらにも巻き込まれず，子どもたちに向き合いたい。きっと，できると思う。私たちなら。

第3節 「保育における子ども理解」について考える
──「知識」と「感情」と「道徳」

（1）ひとりでいることと集団でいることと

> 演習4
> あなたは5歳児クラスの担任です。あなたのクラスに，ひとりで遊んでいる子ども
> がいます。あなたはその子どもについて，どのように考えますか。自分で考えた後，
> 周囲のみなさんと話し合いましょう。

　パーテン（Parten, M. B.）が示した子どもの遊びの推移を見てみよう（図3-1）。年齢が上がるに伴い遊びが変わるという興味深い結果だ。改めて，図をよく見てほしい。4歳半でも「ひとり遊び」や「平行遊び」が観察されているし，2歳半でも「協同遊び」が認められる。年齢とともに，頻繁に登場する遊びは変わるかもしれないが，それまでの遊びが消失するわけではない。つまり，5歳児クラスの子どもがひとりで遊んでいても，基本的には何も問題はない。

　「年齢が上がるにつれて，協同遊びが多くなる」という「知識」が，いつの間にか，「5歳児は協同遊びをするものだ」「5歳児なのに協同遊びをしない子どもはおかしい」「5歳児には協同遊びをさせなければならない」という思い込みを生み出す。この場合，保育者が参照しているのは，「どこかの誰かの研究結果」であり，「目の前にいるたったひとりの子ども」ではない（ことが多い）。どこかの誰かの研究結果で，自分の目を曇らせない方がよい。

　子どもがひとりでいるとしたら，何をしているのかじっくり探ってみよう。虫の動きを見ているのかもしれない。陽の光の温かさをその身に受けているのかもしれない。したいことが見つからないのかもしれない。友だちの遊びを見ているのかもしれない。緊張しながら「入れて」と言おうとしているのかもしれない。そのときに，私たちはどうするか。もう少し待つ？　すぐに声をかける？　子ども同士を仲介する？　選択肢は無限にある。目の前の子どもの事実

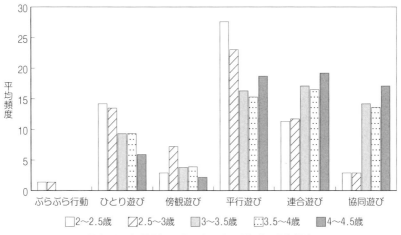

図3-1　年齢別にみたそれぞれの遊びの平均頻度

出所：Parten, 1932より作成。

に基づいて，選んでいこう。

（2）いざこざ場面での保育者の感情体験

演習5

あなたは4歳児クラスの担任です。あなたのクラスのAくんとBくんが，大型積み木で家をつくっています。長方形の積み木の両側をそれぞれが持ち，重い積み木を一緒に動かしています。Aくんが「ここに，こうやって」と指示を出しているのですが，具体的ではないので，大人が聞いてもよくわかりません。Bくんは，Aくんの望み通りに置いたつもりなのですが，少し違っていたようです。Aくんは，Bくんに向かって「そうじゃない！　なんでそこに置くの！　そんなの当たり前でしょ！　なんでわかんないの！」と大きな声を出しています。この場面について，あなたはどのように考えますか。自分で考えた後，周囲のみなさんと話し合いましょう。

演習5の話し合いでは，どのような意見が出ただろうか。

（A）そんな言い方はやめてほしい。そんな風に言われた人の気持ちがわか

らないなんて。「自分がそんな風に言われたらどう思う？」って，Ａくん
に聞いてみなきゃ。

（Ｂ）Ｂくんは，前にも同じようなことをＡくんに言われてたっけ。それな
のに，どうしてＡくんと一緒に遊ぶんだろう。その理由は何なんだ⁉

（Ｃ）今から「心の理論」*4を獲得するんだねぇ。4歳児はそういう時期だっ
たような気がするな。そうすると，4歳児らしい姿といえるのかもね。

（Ｄ）どうしてそんな言い方をするんだろう。家庭でのしつけに問題があるん
じゃないだろうか。何をどんな風に保護者さんに伝えよう…。

（Ｅ）あのときも同じような言い方をしていたなぁ。どういうときに，そう
いう言い方をするんだろう。ちょっと気をつけて探ってみようかな。

　正解は一つではない。子どもによっても，状況によっても，保育者の経験に
よっても，解釈や対応は異なってくる。ここでは，子どもを見えにくくする事
象として，以下の2点を伝えたい。

　1つめは，「いやだ！」「どうしてそんなことをするの？」「やめてほしい！」
といった瞬時に湧き上がる不快な感情に，自身がどう向き合い，どう処理する
かということだ。保育現場では，人と人とが直接的に関わりながら生活をする
ので，快感情や不快感情が込み上げてきて当然だ。ただ，私たちは，それらの
感情を豊かに経験しながらも，巻き込まれすぎないようにしたい。不快感情に
絡めとられると，子どものことが見えなくなる。ゆがんだ理解につながること
もある。自分の感情で，自分の目を曇らせない方がよい。

　2つめは，子どもの言動の善悪を保育者の主観で判断し，悪いと思ったら即
座に矯正するという関わり方（だけ）でよいのかということだ。それこそが保
育者の仕事の一つではないかと思われるかもしれない（私もそんな気がしないで
もない）。ただ，「子どもの言動の矯正」において，保育者が最も気にしている
のは，「一般的な倫理や道徳」であり，「目の前にいるたったひとりの子ども」
ではない（ことも多い）。やはり，どうしても，子どものことが見えにくくなる。

＊4　「心の理論」とは，自分や他者に心というものを想定し，目には見えない心の状態（意図，知
　識，信念など）を推測するときに使用する知識のまとまり（林，2016）のことである。

一般的な倫理や道徳で，自分の目を曇らせない方がよい。

とはいえ，園や所の集団生活では，毎日，かみついたりかみつかれたり，おもちゃを取ったり取られたり，辛辣な物言いをしたりされたりしている。保育者に不快感情が込み上げることもある。善悪を判断し，即座に介入することもある。それでよい。しかし，もし，自分の不快感情をそのまま子どもたちの前で垂れ流し，倫理や道徳を「守らせる」ことにとらわれて，子どもを理解しようとしていない自分に気づいたら…。本章を思い出してほしい。罪悪感は必要ない。自分が思い描いていた保育を思い出し，改めて，前を向いて歩いていこう。

（3）園であったことは園で解決しようとする矜持

> **演習6**
>
> 4歳児クラスで誕生日会をしています。みんなは座っていますが，Cちゃんは，クラス内を立ち歩いています。ときどき，大きな声で独り言を言っています。そのことを保護者に伝えると，「家では，そういうことはないのですが…」とのことでした。この事例について，あなたはどのようなことを考えますか。自分で考えた後，周囲のみなさんと話し合いましょう。

演習6のようなことは，ままあることだ。話し合いでは，どのような意見が出ただろうか。

（A）家庭ではそうかもしれないけど，園では違うんだけどなぁ。どうすれば伝わるんだろう。園に子どもの姿を見に来ていただけるといいのかな…。

（B）言いにくいことを一生懸命伝えているのに，どうしてわかってくれないんだろう。後から困るのは子どもなのに。一体どうするつもりなんだろう。

（C）園と自宅で子どもの姿が違っても当たり前かもね。環境が違うしね。園の先生と，園でできることをもう一度考えてみようかな。

（D）少しでも早く専門機関につなげたいのに。もっと協力してほしい。専

門機関につながると，園での姿が落ち着くはず。早くつなげないと，早く
早く。

（E）自分の子どもの「できないこと」や「先生に怒られたこと」ばかり聞
きたくないよね。そのうち，保護者さんから避けられてしまうかも…。

　園や所での保育において，家庭との連携は欠かせない。特別な配慮を必要と
する子どもの場合は，なおさらだ。地域の資源とも，積極的につながりたい。
そのことは前提だ。そのうえで，「子育て神話」を思い出したい。「遺伝子以外
で子どもの成長に影響を及ぼすのは親の育て方である」という神話だった。こ
の神話に少なからず影響を受け，私たちは「すべての子どものすべての振る舞
いは，家庭での過ごし方に起因する」と思い込む傾向にあるといえよう。
　園や所での子どもの振る舞いは，そこでの生活，活動，環境，人間関係のな
かで生じる。家庭での過ごし方が，どこまで影響しているのだろうか（もちろ
ん，全く関係ないわけではない）。子ども（や保護者）を，まるで動物を調教する
かのように，保育者の思い通りに動かすことはできない。保育者が変えること
ができるのは，園や所での生活，活動，環境だ。
　園であったことは，園で解決しよう。少なくとも，そういう思いを，どこか
に持っておこう。それが，保育者の矜持ではないだろうか。

第4節　子どもを理解しようとする保育者であるために

（1）現場に出よう，子どもを見よう

　私が，保育者養成に携わるようになって20年以上が経過した。この間，多く
の学生とともに，得がたい経験をしてきた。それらを踏まえて，みなさんに伝
えたい。
　子どもたちがいる現場に身を置き，子どもたち一人ひとりが，自分自身とし
て（懸命に）生きていることを，みなさん自身の身体を通して認識し，認識し
た事象について考え，そして誰かと語り合ってほしい（滝口，2023）。授業を通
してでもよいし，ボランティアやアルバイトの機会を活用してもよい。

　そのことを積み重ねるなかで，子どもを理解することは，容易にできることではないと知るだろう。子どもを理解するとはどういうことかを，自分で考えるようになるだろう。子どもを理解したつもりになることは，なくなるだろう。そして，より強く，子どもを理解したくなるだろう。それは，大変面倒くさい道のりなのだが，それしか方法がないように思うのだ。いつからでもいい。現場に出よう。子どもを見よう。

（2）客観的であれ，そしていつの日か，存分に主観に浸ろう

　学生とともに多くの現場に赴き，そこで遭遇した現象をともに語り合うとき，常に客観的であることを学生に求めた。客観というのは，自分ひとりのものの見方にとらわれず，第三者の立場から観察し，考えることだ。

　例えば，学生が「○○ちゃんが，楽しそうだった」と述べた場合には，「本当にそう？」「どうしてそう思った？」「どこからそのことがわかった？」と，しつこいほど問うてきた。厳しく問い詰めるということではない。どうしてそう判断したのか，私も知りたかったのだ。

　当然のことながら，学生は戸惑い口ごもる。そして，自身の解釈が，思い込みや妄想に過ぎない可能性があることに気づく。そのうちに，誰に言われなくても，自分たちで確かめていく。果たして，自分たちのこの解釈は，正しいのだろうか。自分たちは，本当に，子どものことを理解することができているのだろうか。

　学生の間に，子どもを客観的にみる機会を（いくらか）持ってほしい。学生は，客観的であることを許される身分だ。そして，保育者として巣立った後は，存分に主観に浸ろう。自分のものの見方を味わおう。客観に裏打ちされた主観は，強靱で柔軟に違いない。自身の主観と客観を，実際の子どもの姿に基づいて，磨き続けていこう。

（3）自身の先入観や思い込みの傾向を知ろう

　私たちはそれぞれに，「子ども観」や「神話」を携えている。保育について学ぶと「知識」が蓄えられ，実践の場では「実践知[*5]」が増える。それらは，み

表3-1　あなたのなかの隠れた子ども観チェック！

あなたのなかの隠れた子ども観	全くそう思わない	あまりそう思わない	少しそう思う	とてもそう思う
1．子どもの靴の左右が逆になっていたら，なおしてあげる　→1節（2）				
2．子どもが遊んだ後で片付けをしていなかったら，片付けさせる　→1節（2）				
3．子どもは，私たちと同じ「ひとりの人」だ　→1節（2）				
4．親は子どもの生得的な性格を変えることはできない　→1節（3）				
5．親の子育ての影響は少ない　→1節（3）				
6．大人は，子どもについて，大抵のことはわかる　→2節（2）				
7．5歳児なのに，協同遊びをしない子どもはおかしい　→3節（1）				
8．4歳児が相手を責めるような言い方をするのは，家庭でのしつけに問題がある　→3節（2）				
9．保育者は，子どもに道徳を守らせるのが仕事だ　→3節（2）				
10．園で子どもに落ち着きがないのは，自宅での過ごし方に原因がある　→3節（3）				

備考：表の各項目をチェックしたうえで，「→」で示した本章の箇所を読み返してみよう。

なさんの財産だ。私たちは，それらを活用しながら，子どもを理解しようとする。これまで確認してきたように，「子ども観」「神話」「知識」「実践知」は，先入観や思い込みに容易に変化し得る。その変化から完全に逃れられる人は，

＊5　「実践知」とは，実践の場で適切な判断をする能力で，経験の積み重ねによって形成されるものである。

おそらくいない。大切なのは，自身の先入観の傾向を知り，それにとらわれ過ぎないように自身を調整することだ。

　私たちは，「子ども観」「神話」「知識」「実践知」に基づいて，子どもたちを理解したつもりになっていないだろうか。先入観や思い込みから，子どもたちを決めつけてはいないだろうか。私たちの解釈が誤りであったとしても，子どもたちは，その誤りを修正する機会を得ることができない。先入観や思い込みに振り回されるか，制御して使いこなすか。先入観や思い込みを制御して使いこなす態度に，保育者の専門性の一つを見出すことができるかもしれない。

（4）ひとりで抱え込まないで，みんなで語り合おう

　私の授業では，常に全員で，対等に語り合ってきた。同じ現象を見ていた複数名の学生が，それぞれに，見えていなかったこと，聞き逃していたこと，思いいたらなかった解釈を報告し合い，互いにそのことに驚き，刺激を受け，現象が立体的に描かれていく過程を共有した。その喜びは，学生にとっても私にとっても，何ものにも代えがたいものであった。

　膨大な情報が縦横に錯綜する保育の現場。ひとりがみえること，できることは，わずかかもしれない。だからこそ，より多くの仲間や同僚と，語り合おう。語り合いのなかで，きっと，子どもたちの生きざまが，浮かび上がってくる。

引用・参考文献

安藤寿康（2016）『日本人の 9 割が知らない遺伝の真実』SB クリエイティブ.

安藤寿康（2022）『生まれが 9 割の世界をどう生きるか——遺伝と環境による不平等な現実を生き抜く処方箋』SB クリエイティブ.

林創（2016）『子どもの社会的な心の発達——コミュニケーションのめばえと深まり』金子書房.

J・R・ハリス，石田理恵（訳）（2017）『子育ての大誤解——重要なのは親じゃない　上下』早川書房.

厚生省（1998）『厚生白書（平成 10 年版）』　https://www.mhlw.go.jp/toukei_hakusho/hakusho/kousei/1998/（2023 年 12 月 7 日閲覧）.

Parten, M. B. (1932). Social participation among pre-school children. *The Journal of*

Abnormal and Social Psychology, 27, 243-269.

高山育子（2002）「就学前教育の制度化と「三歳児神話」――JGSS-2000データによる規定要因分析」『日本版General Social Surveys研究論文集』1，159-169頁.

滝口圭子（2011）「教育学部学生の子ども観は所属コースにより異なるのか――大学１年生を対象とした質問紙調査」『三重大学教育学部研究紀要』62，283-292頁.

滝口圭子（2023）「子どもが安心して生きる保育現場をつくるために――保育者養成の授業実践を振り返る」『2023年度全国保育士養成協議会中部ブロック第26回セミナー実施要項』16-19頁.

第4章

保育の制度と現状

　保育という営みは，保育者が子どもや保護者とのかかわりの中で，その育ちや子育てを支えることで，子どもや家庭の幸せに寄与している。一方で，保育は法的な基盤に支えられた公的な営みとして，様々な法律や制度的位置づけによって規定され，裏打ちされたものである。

　本章を通じて我が国の保育の制度と法令について学び，幼稚園，保育所，認定こども園の制度的な位置づけとその現状について理解を深めることで，今日，保育者に求められる保育実践の在り方について考えてみよう。

第1節　保育に関する法律

わが国の子どもの保育や教育に関する法律や制度は，1946年に制定された日

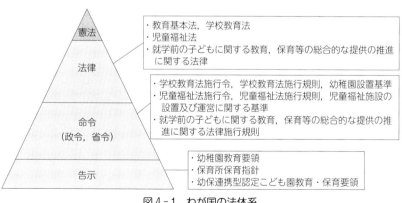

図4-1　わが国の法体系

本国憲法の精神に則っている。憲法第13条には「すべて国民は，個人として尊重される」とあり，社会のなかで誰もが同じ価値を持つ人権が保障されることを規定している。また近年では，1989年に国際連合が採択した「児童の権利に関する条約（子どもの権利条約）」に1994年に日本が批准し，世界的な観点から子どもの「生存」「発達」「保護」「参加」という包括的な権利の実現・確保が目指されている。これら日本国憲法や子どもの権利条約を土台としながら，教育や保育を枠づけたさまざまな法律や制度が存在する。

（1）児童福祉法

　児童福祉法は，わが国のすべての児童（18歳未満）の健全な育成と福祉の積極的な推進を規定した法律である。日本国憲法第25条の「すべて国民は，健康で文化的な最低限度の生活を営む権利を有する」という条文に基づき，1947年12月に公布，施行された。以来，今日に至るまで改正が加えられている。

第一章　総則
第一条　全て児童は，児童の権利に関する条約の精神にのつとり，適切に養育されること，その生活を保障されること，愛され，保護されること，その心身の健やかな成長及び発達並びにその自立が図られることその他の福祉を等しく保障される権利を有する。
第二条　全て国民は，児童が良好な環境において生まれ，かつ，社会のあらゆる分野において，児童の年齢及び発達の程度に応じて，その意見が尊重され，その最善の利益が優先して考慮され，心身ともに健やかに育成されるよう努めなければならない。
　②　児童の保護者は，児童を心身ともに健やかに育成することについて第一義的責任を負う。
　③　国及び地方公共団体は，児童の保護者とともに，児童を心身ともに健やかに育成する責任を負う。

図4-2　児童福祉法（一部，抜粋）

　現行の児童福祉法では，1994年に日本が批准した「子どもの権利条約」の理念を踏まえ，すべての子どもの人権を保障し，かつ子どもの最善の利益の保障が目的として掲げられている。

　児童福祉法の第1条には，生きる主体は子ども自身であるという基本理念に基づき，すべての子どもの心身の健やかな成長・発達その自立が図られること，福祉を保障される権利を有することが示されている。

　また第2条には，すべての国民が「子どもの最善の利益に関わる」こと，国

および地方公共団体（自治体）は保護者とともに子どもを育成する公的責任があることを明記している。このような理念のもと児童福祉法は，第4条で支援の対象となる児童，妊産婦，保護者について定義し，支援を担う国や地方公共団体，児童福祉施設および諸事業のあり方を示す基本法として存在する。

（2）教育基本法

　教育基本法は日本の教育の理念を示す法律として，1947（昭和22）年に公布された。日本国憲法の基本的理念を継承し，かつ国民の教育を受ける権利（第26条），学問の自由権（第23条）の保障のために制定された。2006年には現代社会における教育状況の変化に応じるため，初めての改正が加えられた。教育基本法は，教育全般に関わる理念（教育の目的，教育の目標，生涯学習，教育の機会均等）を掲げ，教育の実施（義務教育，学校教育，私立学校，教員，家庭教育，社会教育，政治教育等）や，教育行政の責務等に関わる基本的な考えや制度の事項を示した日本の教育法令の基本法である。

　第一章　教育の目的及び理念
　（教育の目的）
第一条　教育は，人格の完成を目指し，平和で民主的な国家及び社会の形成者として必要な資質
　　　を備えた心身ともに健康な国民の育成を期して行われなければならない。
　（教育の目標）
第二条　教育は，その目的を実現するため，学問の自由を尊重しつつ，次に掲げる目標を達成す
　　　るよう行われるものとする。
　　一　幅広い知識と教養を身に付け，真理を求める態度を養い，豊かな情操と道徳心を培うと
　　　ともに，健やかな身体を養うこと。
　　二　個人の価値を尊重して，その能力を伸ばし，創造性を培い，自主及び自律の精神を養う
　　　とともに，職業及び生活との関連を重視し，勤労を重んずる態度を養うこと。
　　三　正義と責任，男女の平等，自他の敬愛と協力を重んずるとともに，公共の精神に基づき，
　　　主体的に社会の形成に参画し，その発展に寄与する態度を養うこと。
　　四　生命を尊び，自然を大切にし，環境の保全に寄与する態度を養うこと。
　　五　伝統と文化を尊重し，それらをはぐくんできた我が国と郷土を愛するとともに，他国を
　　　尊重し，国際社会の平和と発展に寄与する態度を養うこと。
　（生涯学習の理念）
第三条　国民一人一人が，自己の人格を磨き，豊かな人生を送ることができるよう，その生涯に
　　　わたって，あらゆる機会に，あらゆる場所において学習することができ，その成果を適切
　　　に生かすことのできる社会の実現が図られなければならない。

図4-3　教育基本法（一部，抜粋）

第1条「教育の目的」には個人の成長発達を第一とした「人格の完成」を目指し，平和主義，民主主義を体現する国民の育成であることを示している。幼児教育については，第2条「教育の目標」（5つの目標）と第3条「生涯学習の理念」を受けて，第11条で「幼児期の教育は生涯にわたる人格形成の基礎を培う」ものとして，国及び地方公共団体が「幼児の健やかな成長に資する良好な環境の整備その他適当な方法によって，その振興に努めなければならない」と定めている。なお教育基本法の理念のもと学校教育制度の基本を示した法律として，1947年に制定された学校教育法がある。主に学校の定義，学校の設置者や管理，義務教育，学校の種類や目的・目標などを規定している。これら学校教育法で定められた事項は「学校教育法施行令」「学校教育法施行規則」や「告示」などを通じて各学校種別に具体的に規定される。

（3）子ども家庭福祉に関する法律・制度

　近年のわが国は，急激な少子高齢化や核家族化の進行，共働き家庭の増加，地域のつながりの希薄化など，子どもの育ちをめぐる環境が大きく変化している。家庭の養育力の低下や児童虐待の増加，子どもの貧困といった子育てをめぐる課題に対して，国や地域をあげた法律や制度が整備されている。

○児童虐待防止法

　近年の児童虐待件数の増加の対策として2000年に「児童虐待の防止等に関する法律」は制定・施行され，現在も改正が続いている。同法は児童虐待の定義，児童相談所や市町村による適切かつ迅速な保護対応や子どもの安全確保を規定している。また関係諸機関である保育所や幼稚園，学校などでの虐待の早期発見と通告義務，そして児童について知りえた情報に対する守秘義務について明記している。

　2020年には児童福祉法とともに，改正され児童相談所機能の強化，児童福祉施設での体罰が禁止された。2022年の児童福祉法の改正では貧困や孤立状態にある妊産婦や子育て世代の支援，子どもの意見聴取等の仕組みの整備に加え，不適切な保育やわいせつ行為を行う保育士の資格管理などが厳格化され，虐待の予防と子育て支援の体制強化が図られた。

○障害者基本法

　1993年に制定された「障害者基本法」は，2006年に国連が採択した「障害者の権利に関する条約」を受けて（日本は2014年批准），2011年に障害児・者の基本的人権や社会参加，地域社会における共生や差別の解消を要点とする改正が行われた。同法は，2004年に制定された「発達障害者支援法」（2016年改正），2012年に制定された「障害者総合支援法」，2013年制定の「障害者差別解消法」とともに施行され，国・地方公共団体は障害のある子どもが個別のニーズに基づいて，可能な限り身近な場所で，合理的な配慮に基づく療育，保育，教育などを受けられる環境整備を行う施策を講じることが明記された。

○子ども・子育て支援新制度

　2010年代から共働き家庭やひとり親家庭など，育児に不安を抱える子育て世代を支援する政策として，延長保育や低年齢児保育の拡充，保育所の入所を希望する待機児童問題の解消のために保育所の増設・設置や保育事業が進められた。その総合的制度として2012年には「子ども・子育て支援法」「就学前の子どもに関する教育，保育等の総合的な提供の推進に関する法律の一部を改正する法律」「子ども・子育て支援法及び就学前の子どもに関する法律の施行に伴う関係法律の整備等に関する法律」の３法が制定され，2015年から子ども・子育て支援新制度として施行された。

　本制度は「すべての子どもへの良質な成育環境を保障し，子どもを大切にする社会の実現をめざす」として，保育を必要とする子どもとその家族を対象に，幼稚園や保育園の垣根を超えたさまざまな保育事業（①幼保一体型の認定こども園の設置の促進②主に満三歳児以下を対象とする小規模保育，家庭的保育を行う地域型保育事業への財政支援（表４-１）③地域の実情に応じた13の子育て支援事業（表４-２））を施行した。これらの具体的なサービスの内容は国や市町村の「子ども・子育て会議」において，地域の実情に応じて子ども・子育て支援事業計画を作成し，実施される。

　また従来の縦割り行政に対して認定こども園，幼稚園，保育所及び小規模保育等に対する財政支援の仕組みが共通化され，教育・保育を利用する子どもについて３つの認定区分を設けた施設型給付，地域型保育給付が導入された。現

表4-1　地域型保育事業

1．小規模保育事業

都市部において待機児童の解消を図り，人口減少地域では地域の子育て支援機能の拠点として設置された。0〜2歳児を対象に，認可保育所の設置基準（20名以上）より少ない6〜19人までを定員としている。保育士の配置などの要件の違いから施設類型は異なる。保育士が10割を満たすＡ型（保育所分園，ミニ保育所等），保育に従事する職員の半数以上を保育士とするＢ型（中間型），定員が10人以下で家庭的保育者（保育ママ）が従事するＣ型（グループ型集団保育）に認可基準が分かれている。保育士，嘱託医および調理員を置かなければならないとしている。なお保育士以外の保育従事職員は市区町村が認めた研修を受講していることが条件になる。

2．家庭的保育事業（保育ママ）

保育者の居宅やその他の場所で実施され，職員は家庭的保育者としている。家庭的保育者は，市区町村が行う研修を修了した保育士または保育士と同等以上の知識および経験を有すると市区町村長が認める者と規定されている。家庭的保育者1人が保育できる乳幼児の数は3人以下だが，保育補助者が加わると5人まで保育することができる。
家庭的保育を行う場所は，乳幼児の保育を行う専用の部屋を設け9.9㎡以上であることと規定されている。（保育する乳幼児が3人を超える場合は，1人につき3.3㎡を加えた面積であること）

3．居宅訪問型保育事業

保育を必要とする乳幼児の居宅において，家庭的保育者による保育を行う事業で，障害，疾病等の程度を勘案して集団保育が著しく困難であると認められる乳幼児の保育を基本としている。家庭的保育者が一人につき一人の乳幼児を保育することができると規定される。家庭的保育者は必要な研修を終了し，保育士，又は保育士と同等以上の知識及び経験を有すると区市町村が認める者が条件となる。

4．事業所内保育事業

事業所（企業）は従業員の子どもや地域の保育を必要とする子どもを含めて提供する事業である。職員の配置や設備基準については，定員20人以上では認可保育所定員，10人以下では小規模保育事業Ａ型Ｂ型と同様である。

行では保護者の申請をもとに自治体を通じて，幼稚園利用の3〜5歳児（1号認定），保育利用の3〜5歳児（2号認定），保育利用の0〜2歳児（3号認定）の区分で認定を受け，これらの認定を受けた子どもが利用をした保育所・認定こども園や認可を受けた事業を行う地域型保育事業には，その経費に対して国および自治体から給付費が支給される仕組みとなっている。

　さらに2019年には，「子ども・子育て支援法」の一部改正が行われ，保護者の保育料の負担の軽減を目的とした「幼児教育・保育の無償化」が施行された。無償化の対象は，幼稚園，保育所，認定子ども園に通う3歳〜5歳児までの子どもで，0歳〜2歳児は住民非課税世帯を対象としている。同様に地域型保育

表 4 - 2　地域子ども・子育て支援事業の種類

事業名	内容
①利用者支援事業	子ども及びその保護者の身近な場所で，教育・保育・保健その他の子育て支援事業等の情報提供及び必要に応じて相談・助言等を行うとともに，関係機関との連絡調整等を実施する。
②延長保育事業	保育認定を受けた子どもについて，通常の利用日及び利用時間以外の日及び時間において，認定こども園，保育所等で保育を実施する。
③実費徴収に係る補定給付を行う事業	保護者の世帯所得の状況等を勘案して，特定教育・保育施設等に対して保護者が支払うべき日用品，文房具その他の教育・保育に必要な物品の購入に要する費用又は行事への参加に要する費用等，特定子ども・子育て支援に対して保護者が支払うべき食事の提供（副食の提供に限る）にかかる費用を助成する。
④多様な事業者の参入促進・能力活用事業	特定教育・保育施設等への民間事業者の参入の促進に関する調査研究その他多様な事業者の能力を活用した特定教育・保育施設などの設置又は運営を促進する。
⑤放課後児童健全育成事業	保護者が労働等により昼間家庭にいない小学校に就学している児童に対し，授業の終了後に小学校の余裕教室，児童館等を利用して適切な遊び及び生活の場を与えて，その健全な育成を図る。
⑥子育て短期支援事業	保護者の疾病等の理由により家庭において養育を受けることが一時的に困難となった児童について，児童養護施設等に入所させ，必要な保護を行う。（短期入所生活支援事業（ショートステイ事業）及び夜間養護等事業（トワイライト事業）
⑦乳児家庭全戸訪問事業	生後 4 か月までの乳児のいる全ての家庭を訪問し，子育て支援に関する情報提供や養育環境等の把握を行う。
⑧・養育支援訪問事業 ・子どもを守る地域ネットワーク機能強化事業	・養育支援が特に必要な家庭に対して，保健師や助産師，保育士が居宅を訪問し，養育に関する指導・助言等を当該家庭の適切な養育能力を向上させるための支援を行う。 ・要保護児童対策協議会の機能強化を図るため，要保護児童対策調整機関職員やネットワーク構成員（関係機関）の専門性強化と，ネットワーク機関間の連携化を図る取組を実施する。
⑨地域子育て支援拠点事業	乳幼児及びその保護者が相互の交流を行う場所を開設し，子育てについての相談，情報の提供，助言その他の援助を行う。
⑩一時預かり事業	家庭において保育を受けることが一時的に困難となった乳幼児について，主として昼間において，認定こども園，幼稚園，保育所，地域子育て支援拠点その他の場所で一時的に預かり，必要な保護を行う。
⑪病児保育事業	病児について，病院・保育所等に付設された専用スペース等において，看護師等が一時的に保育等を実施する。
⑫子育て援助活動支援事業（ファミリー・サポート・センター事業）	乳幼児や小学生等の児童を有する子育て中の保護者を会員として，児童の預かり等の援助を受けることを希望する者と，当該援助を行うことを希望する者との相互援助活動に関する連絡，調整を行う。
⑬妊婦健康診査	妊婦の健康の保持及び増進を図るため，妊婦に対する健康診査として，①健康状態の把握，②検査計測，③保健指導を実施するとともに，妊娠期間中の適時に必要に応じた医学的検査を実施する。

出所：こども家庭庁「子ども・子育て支援制度の概要」，「Ⅳ-2-1　地域子ども・子育て支援事業の概要について」大豆生田・三谷編（2023），資料編35頁より作成。

事業（表4-1），企業主導型保育も無償化の対象となった。また幼稚園の預かり保育についても上限額を設けて無償化の対象としている。

　2021年12月には内閣府による「子ども政策の新たな推進体制に関する基本方針」を受けて2022年6月に「こども基本法」が成立した。これは妊娠から出産・子育ての支援や，こどもや若者に関する教育・保育・福祉・雇用・医療を一体的に行う「こども政策」の推進を目指したものである。2023年4月には，これまで厚生労働省が行っていた保育，母子保健，児童虐待対策を，内閣府が行ってきた子ども・子育て支援，少子化対策などと一本化した「こども家庭庁」が内閣総理大臣直属の機関として外局に設置された。「こども家庭庁」は「こども政策」の司令塔として，「こども政策」を具体的に企画・立案するとともに，その実施の総合調整を行うために，関係する各省庁に勧告を行うことができる。

　なお，「こども家庭庁」の発足にあたり，幼稚園や義務教育などの教育分野については引き続き，文部科学省が担当しており，各省庁の縦割り行政の廃止や，幼保一元化という課題は残った。そのため幼稚園や学校でのいじめや不登校，貧困などの事案についてこども家庭庁は文部科学省と効果的な連携を果たす必要がある。また幅広いこども政策の内容を実行するための安定した財源の確保についても課題が残されている。

第2節　保育所・幼稚園・幼保連携型認定こども園と現状

　幼い子どもの心身の発達を図ることを目的とした「保育」を行う主たる施設として，保育所，幼稚園，認定こども園がある。これら3施設はこれまで述べてきたさまざまな子どもの教育や保育の権利を擁護する法律のもと，子どもの人権を尊重し，心身の健やかな成長を支援する施設である。しかしその具体的な法的根拠や行政の所管，名称，設置目的，設置基準等においてさまざまな違いがある（表4-3）。本節ではこれらの3施設の仕組みとその現状について説明しよう。

表4-3　保育所・幼稚園・幼保連携型認定こども園の比較

	保育所	幼稚園	幼保連携型認定こども園
根拠法令	児童福祉法	学校教育法	認定こども園法
所管	こども家庭庁	文部科学省	こども家庭庁・文部科学省
施設種別	児童福祉施設	学校	学校及び児童福祉施設
教育・保育内容の基準	保育所保育指針【児童福祉施設の設備及び運営に関する基準第35条】	幼稚園教育要領【学校教育法施行規則第38条】	幼保連携型認定こども園教育・保育要領【認定こども園法第10条】
対象	保育を必要とする乳児・幼児,特に必要がある,そのほかの児童【児童福祉法第39条】	満3歳から,小学校就学の始期に達するまでの幼児【学校教育法第26条】	満3歳以上の子ども,及び満3歳未満の保育を必要とする子ども【認定こども園法第11条】
教育・保育時間	1日8時間を原則とし,保育所の長が定める。【児童福祉施設の設備及び運営に関する第34条】	・1日4時間を標準とする。【幼稚園教育要領】 ・毎学年の教育週数は,39週を下ってはならない。【学校教育法施行規則第37条】	・教育時間は1日4時間を標準とし毎学年39週を下ってはならない。 ・保育を必要とする子どもには,1日8時間を原則とする。【幼保連携型認定子ども園の学級の編制,職員,設備及び運営に関する基準第9条】
保育者の資格	保育士資格【児童福祉法第18条4】	幼稚園教諭免許状【学校教育法第27条】	保育教諭（保育士資格と幼稚園教諭免許状）【認定こども園法第14条・第15条】
必須職	保育士・嘱託医・調理員 〈保育士1人あたりの子どもの人数〉 ・乳児：3人に1人以上 ・満1〜2歳：6人に1人以上	・園長・教頭・教諭【学校教育法第27条】 ・1学級あたり35人以下を原則に各学級専任の教諭等を1人以上【幼稚園設置基準第3条・第5条】	・園長・保育教諭【認定こども園法第14条】 ・1学級あたりの人数,教諭の配置数は幼稚園の基準と同じ。 ・保育教諭一人あたりの子ど

	保育所	幼稚園	幼保連携型認定こども園
員の配置基準	・満3歳：20人に1人以上 ・満4歳以上：30人に1人以上 ・一つの保育所で保育士の配置が2人を下回ることはできない。【児童福祉施設の設備及び運営に関する基準第33条】	・嘱託医（学校，学校歯科医，学校薬剤師） 【学校保健安全法第23条】	もの人数は保育所の基準と同じ。【幼保連携型認定こども園の学級の編制，職員，設備及び運営に関する基準第4条，第5条】 ・嘱託医（学校，学校歯科医，学校薬剤師） 【学校保健安全法第23条】
施設・設備の基準	・乳児，満1歳：乳児室又はほふく室，医務室，調理室及び便所を設けること。乳児室の面積は1人につき1.65㎡以上。ほふく室の面積は1人につき3.3㎡メートル以上であること。乳児室又はほふく室には，保育に必要な用具を備える。 ・満2歳以上：保育室又は遊戯室，屋外遊戯場（保育所の付近にある屋外遊戯場に代わるべき場所を含む），調理室及び便所を設ける。保育室又は遊戯室の面積は1人につき1.98㎡以上，屋外遊戯場の面積は1人につき3.3㎡以上であること。保育室又は遊戯室には，保育に必要な用具を備える。【児童福祉施設の設備及び運営に関する基準第32条】	・園舎は，2階建以下を原則とする。園舎全体の面積基準は，1学級：180㎡，2学級：320＋100×（学級数-2）㎡，3学級以上：1学級につき100㎡増であること ・園舎及び運動場は，同一の敷地内又は隣接する位置に設けることを原則とする。 ・職員室，保育室，遊戯室保健室，便所，飲料水用設備，手洗用設備，足洗用設備を設ける。【幼稚園設置基準第8条，第9条，別表第1（園舎の面積）】	・園舎及び園庭を備えなければならない。 ・園舎の基準は幼稚園に同じ。 ・乳児室，ほふく室，保育室，遊戯室又は便所は一階に設ける。 ・職員室，乳児室又はほふく室，保育室，遊戯室，保健室，調理室，便所，飲料水用設備，手洗用設備及び足洗用設備を設ける。 ・乳児室，ほふく室　保育室又は遊戯室の面積基準は保育所と同じ。【幼保連携型認定こども園の学級の編制，職員，設備及び運営に関する基準第6条，第7条】

出所：「Ⅲ－1－1　保育所・幼稚園・幼保連携型認定こども園の比較」大豆生田・三谷編（2023），資料編20頁。

（1）保育所

　保育所は，児童福祉法第7条に基づいた，厚生労働省およびこども家庭庁の所管する児童福祉施設のひとつである。保育所の保育内容の基準については「児童福祉施設の設備及び運営に関する基準」第35条に基づいた「保育所保育指針」が厚生労働大臣から「告示」される。保育所保育指針には，保育所は「保育を必要とする子どもの保育を行い，その健全な心身の発達を図ることを

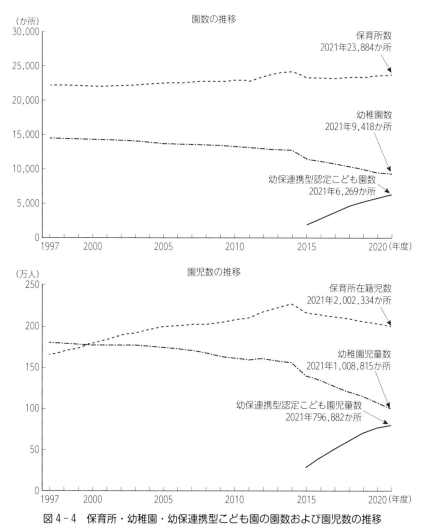

図 4 - 4　保育所・幼稚園・幼保連携型こども園の園数および園児数の推移

出所：「Ⅲ－1－2　保育所・幼稚園・幼保連携型認定こども園の園数及び園児数の推移」大豆生田・三谷
編（2023），資料編21頁。

目的とする児童福祉施設であり，入所する子どもの最善の利益を考慮し，その
福祉を積極的に増進することに最もふさわしい生活の場でなければならない」
とあり，さらに保育所では「養護と教育が一体化された」保育を実施すること

が示されている。

　保育所は児童福祉法第39条に基づいた通所施設として，満1歳に満たない者を「乳児」，満1歳から小学校就学の始期に達するまでの者の「幼児」を保育の対象にしている。生後8週間以上の乳児から入所が可能である。保育所に入所する子どもは，保護者が各自治体に入所申し込みを行い，「保育を必要とする」認定をうける必要がある。各自治体は保護者の「①就労，②妊娠，出産，③疾病，障害，④同居又は長期入院等している親族の介護・看護，⑤災害復旧，⑥求職活動，⑦就学，⑧虐待や DV のおそれがあること，⑨保護者が育児休業取得時に，既に保育を利用している子どもがいて継続利用が必要であること，⑩その他，上記に類する状態として市町村が認める場合」について審査を行い，希望する保育所への入所を決める。保育の必要度の認定については保護者の多様なニーズにできる限り応え，自治体が利用調整を行ったり，利用可能な保育施設をあっせんする等の対応がある。

○保育所の運営・現状

　保育所の設備や運営は，児童福祉法に基づいた「児童福祉施設の設備及び運営に関する基準」により定められ，安全で質の高い保育を提供できる保育環境について規定している（表4-3）。保育所の設置者は，国立（こども家庭庁），公立（自治体），私立（社会福祉法人，企業型，宗教法人等）という区分があり，国および自治体から認可を受けた保育所は認可保育所と呼ばれる。このほかに，自治体が独自に設置する認証保育所や事業所内保育室，企業の従業員以外の児童を受け入れる企業主導型保育所など，多様な保育施設が存在する。なお認可を受けていない保育所は認可外保育所と呼ばれ，認可保育所に比べて自由度の高い保育を実施している。

　近年，共働き家族の増加により3歳未満児の入所件数が増え，認可保育所の数は増加傾向にある（図4-4）。2021年10月の時点で全国の認可保育所の数は保育所型認定こども園を含めると2万3,884か所あり，このうち国公立保育所が約30%（7,056か所），私立保育所が約70%（1万6,828か所）を占めている（厚生労働省，2021：第5表「(基本票)保育所等数・地域型保育事業所数，都道府県，経営主体別」）。その一方で年々，保育所の定員充足率は90%から89%へ減少し，

保育所等の入園を申し込んだ待機児童数は2017年の2万6,081人をピークに2022年は2,944人へと減少傾向にある（厚生労働省，2022：「2．保育所等待機児童数の状況」）。しかし，地域によっては保育士不足や保育所・諸事業の整備が追い付いていない状況があり，自治体が待機児童としてカウントしない入所保留の子どもの問題（隠れ待機児童問題）も残されている。一方で人口減少地域では利用児童数の減少から保育所の定員割れが生じており，地域や保護者のニーズに沿った保育所の設置・整備，そして保育士の資質向上とその確保が課題となっている。

（2）幼稚園

　幼稚園は1947年に施行された学校教育法第1条に基づき，満3歳から小学校入学までの幼児を対象とする「学校」であり，文部科学省の管轄である。幼稚園の教育の目的は，学校教育法第22条によって「幼稚園は，義務教育及びその後の教育の基礎を培うものとして，幼児を保育し，幼児の健やかな成長のために適当な環境を与えて，その心身の発達を助長することを目的とする」と示されている。すなわち幼稚園は学校教育制度の基礎をなし，小学校への接合を想定して「心身の発達を助長するため」の学校なのである。幼稚園における保育内容は，文部科学省の告示による幼稚園教育要領に基づいている。

　幼稚園に入園できる子どもは，原則として満3歳から小学校就学までの幼児であり，満3歳になった時点での入園が可能である。また幼稚園によっては未就園児クラスや，4月以降に誕生日を迎えた満3歳からの4年制保育や満4歳からの2年制保育を行う園もあり，教育期間は幼稚園によって異なる。

○幼稚園の運営・現状

　幼稚園設置基準は，学校教育法第3条の規定に基づいている。幼稚園の設置者は国（文部科学省），公立（地方公共団体），私立（認可を受けた学校法人や社会福祉法人，宗教法人等）が主体である。なお国立幼稚園はすべて大学付属幼稚園である。近年，全国の幼稚園の数は認定こども園へ移行した園の増加等を受けて減少傾向にある（図4-4）。2022年5月現在で全体の幼稚園数（9,111園）で，国立の幼稚園はわずか0.5%（49園）と少ない。公立幼稚園は自治体（都道府県

及び区市町村，政令指定都市等）の教育委員会によって設置され，その数は全体の約30%（2,910園）である。最も多いのは私立幼稚園であり，全体の60%以上（6,152園）である（文部科学省，2022：表1「初等中等教育機関，専修学校・各種学校の学校数，在学者数，教員数」）。

　幼稚園では2015年から施行した子ども・子育て支援新制度によって，保護者の就労支援や地域の子育て支援事業を進めている。国が推進する地域子ども・子育て支援事業の一時預かり保育事業（教育時間以外の保育）は，私立幼稚園では2019年には96.9%が実施しており，保育所同様の開所時間を提供する幼稚園と保育園・認定こども園との「垣根」は低くなっている（文部科学省，2019：「10. 幼稚園における預かり保育実施状況」）。また幼稚園は既存の国・自治体からの私学助成金による国・自治体からの補助金制度に対して，近年は各園の希望により新制度による補助金制度に移行する園が増えている。移行した園では就労認定のある保護者への施設給付金や一時預かり保育料の補助を受けて子育て支援事業を行うことができる。現在の新制度へ移行した幼稚園の数（幼稚園型こども園および幼保連携型認定こども園を含む）は，2019年には全体の47.3%（3,661園），2022年には全体の58.2%（4,471園）と増加している（内閣府，2022：「私立幼稚園の子ども・子育て支援新制度への移行状況」）。少子化の影響を受けて今後も増加が見込まれ，幼稚園のあり方は今後も変わっていくことが予想される。

（3）認定こども園

　認定こども園は，2006年に制定された「就学前の子どもに関する教育，保育等の総合的な提供の推進に関する法律」（以下，認定こども園法）によって創設された。それまでの幼稚園と保育所という二つの主流な施設の一体化を目指し，就学前の子どもの教育・保育を一体的に行う施設として，内閣府（こども家庭庁）が管轄をしている。2012年に認定こども園法が改正され，幼保連携型認定こども園は，児童福祉法および学校教育法に位置づけられ，保育教諭（幼稚園教諭と保育士の両方の免許・資格を有していることを原則とする）が「園児の教育及び保育をつかさどる」（認定こども園法第14条第10項）施設とされた。2014年には「幼保連携型認定こども園教育・保育要領」が制定され，認定こども園におけ

る教育および保育の内容が定められた。

　現在，認定こども園には4つの類型である，幼保連携型・保育所型・幼稚園型・地方裁量型がある。幼保連携型認定こども園は，「幼稚園」「保育所」の機能を併せ持った単一の施設で，教育及び保育を必要とする子どもの保育を受け入れる新しいタイプの施設である。保育所型とは，既存の保育所に幼稚園的機能（学校教育法第23条の目標（幼稚園の教育目標）を達成する）を追加し，保育を必要としない満3歳以上の子どもを受け入れる施設である。幼稚園型は既存の幼稚園に保育所的機能を追加したもので，教育時間終了後も保育が必要な子どもを受け入れている。地方裁量型は，認可外の保育施設などを「認定こども園」として認可施設として見直そうとしたものである。

　保育所型，幼稚園型，地方裁量型は，いずれも既存の保育施設の現状を変えることなく追加の機能を持たせた施設である。しかし幼保連携型認定こども園については，「保育教諭」と呼ばれる職員の配置を含め，保育所や幼稚園とは異なる独自の特徴がある。以下，幼保連携型認定こども園について説明しよう。

　幼保連携型認定こども園の目的は，「就学前の子どもに関する教育，保育等の総合的な提供の推進に関する法律」の第2条第7項で，「義務教育及びその後の教育の基礎を培うものとしての満3歳以上の子どもに対する教育並びに保育を必要とする子どもに対する保育を一体的に行い，これらの子どもの健やかな成長が図られるよう適当な環境を与えて，その心身の発達を助長するとともに，保護者に対する子育て支援の行うことを目的」とすることが示されている。

　また「幼保連携型認定こども園教育・保育要領」では，上記の目的をふまえ乳幼児期における教育及び保育は，「子どもの健全な心身の発達を図りつつ生涯にわたる人格形成の基礎を培う重要なものであり」，「乳幼児期の特性および保護者や地域の実態を踏まえ，環境を通して行うものであることを基本とする」ことが明記されている。すなわち，認定こども園の保育の内容は，満3歳以上の子どもについては「幼稚園の基準」，満3歳未満児の子どもについては「保育所の基準」を採用している。

　入園の対象となる児童は，保育の利用時間に応じて対象児童には区分があり，自治体を通じて保護者の就労や保育ニーズの状況に応じて認定される。保育を

必要としない満3歳以上は幼稚園の基準（標準教育4時間）で1号認定とされる。保育を必要とする場合は保育所の基準（最大11時間利用）が採用され，満3歳以上は2号認定，満3歳未満児は3号認定の児童とされる。

○認定こども園の設置・運営

幼保連携型認定こども園に必要な施設設備は主に「幼保連携型認定こども園の学級の編制，職員，設備及び運営に関する基準」に定められる（表4-3）。基本的には幼稚園における必要な施設設備となっているが，乳児については保育所における基準が採用されている。園庭については，保育所における近隣の代替施設は認められておらず，同一の敷地内または隣接する敷地内にあることが望ましいとされる。

認定こども園の主な設置者は自治体，私立の法人等（社会福祉法人，学校法人，宗教法人，営利法人，個人等）であり，国立の幼保連携型認定こども園は皆無である。近年の認定こども園全体の園数は2007年に94園設置されて以来，増加傾向にある。2022年5月現在では全国の認定こども園の数は9,220園で，公立が約15％（1,414園），私立が約85％（7,806園）である。類型別にみると，2022年5月現在では幼保連携型は約70％（6,475園），保育所型は約15％（1,354園），幼稚園型は約14％（1,307園），地方裁量型は約1％（84園）である（内閣府，2022：1．園数（1）公立・私立別園数）。なお同年度内に子ども・子育て支援新制度を通じて，認定こども園に移行した施設形態は，全657園のうち幼稚園が157園，認可保育所396か所であった（内閣府，2022：1．園数（2）認定こども園となる前の施設形態）。今後も幼稚園と保育所からの移行は続き，認定子ども園の設置は進むと予想される。例えば過疎地等の少子化の著しい地域での認定こども園は，幼稚園・保育所の統廃合に対して，地域や保護者のニーズを満たすための保育施設として設置が進むと考えられる。

以上，保育所，幼稚園，幼保連携型認定こども園の特徴と現状を示してきた。これらの3施設は保護者の保育ニーズに合わせた役割や特徴をもつが，子ども保育するという目的は同じであることを忘れてはならない。2017年の保育所保育指針，幼稚園教育要領，幼保連携型認定こども園教育・保育要領の改訂では，

小学校との円滑な接続をねらいとした「育みたい資質・能力」と「幼児期の終わりまでに育ってほしい姿」を育てるという共通の方向性が示された。今や保育・幼児教育・学校教育を通した子どもの育ちを支える実践が，現代の教育・保育の課題であるといえる。すべての子どもに開かれた平等で質の高い教育・保育の提供にむけてさらに充実・発展させていくことが，これからの保育者に求められている。

引用・参考文献

厚生労働省編（2018）『保育所保育指針』フレーベル館.

厚生労働省（2020）「人口減少地域等における保育に関するニーズや事業継続に向けた取組事例に関する調査研究」（実施主体 有限責任監査法人トーマツ）の調査研究報告書」令和2年度子ども・子育て支援推進調査研究事業 https://www2. deloitte. com/jp/ja/pages/life-sciences-and-healthcare/articles/hc/hc-childcare. html（2023年8月10日閲覧）.

厚生労働省（2021）「令和3年社会福祉施設等調査」（令和3年10月1日現在）https://www.mhlw.go.jp/toukei/saikin/hw/fukushi/21/index.html（2023年8月2日閲覧）.

厚生労働省（2022）「児童福祉法等の一部を改正する法律（令和4年法律第66号）の概要」https://www.mhlw.go.jp/content/000991032.pdf（2023年8月11日閲覧）.

厚生労働省（2022）「保育所等関連状況取りまとめ（令和4年4月1日）」https://www.mhlw.go.jp/content/11922000/000979606.pdf（2023年8月18日閲覧）.

文部科学省編（2018）『幼稚園教育要領』フレーベル館.

文部科学省・厚生労働省編（2018）『幼保連携型認定こども園教育・保育要領』フレーベル館.

文部科学省（2019）「令和元年度 幼児教育実態調査」https://www.mext.go.jp/component/a_menu/education/detail/__icsFiles/afieldfile/2020/01/30/1278591_06.pdf（2023年8月17日閲覧）.

文部科学省（2022）「令和4年度 学校基本調査 結果の概要」https://www.mext.go.jp/content/20221221-mxt_chousa01-000024177_001.pdf（2023年8月11日閲覧）.

内閣府子ども・子育て本部（2022）「認定こども園に関する状況について」（令和4年4月1日現在）.

大豆生田啓友・三谷大紀編（2023）『最新保育小六法・資料集2023』ミネルヴァ書房.

第5章

保育の歴史

　この章では，現在の保育の内容や制度を考えたり，保育を実践する上で知っておきたい保育の歴史について学ぶ。

　保育者養成課程で学ぶ皆さんは，これから先に保育実習や幼稚園実習において実際の保育施設の活動を体験することになる。その際に，オリエンテーションなどの名目にて事前に訪問し，保育施設の担当者より施設の概要を説明される。また皆さん自身で，施設のパンフレットや web 上の情報などを調べることになる。

　実習の際に，施設の来歴を知ることは，現在の保育方針，教育方針などを知ることと同様に，皆さんがその施設を知る上で多いに役立つであろう。その施設が，どの時代に，どのような地域の状況の中で誕生したのかを知ると，その施設の社会的役割を改めて理解することになる。戦前に設立された比較的長い歴史を持つ施設，第二次ベビーブームのもとで設立された施設，平成期・令和期に当初からこども園として設立された施設など，それぞれに社会的な背景を持ち，当事者や地域の期待を受けて設立されている。施設の歴史を知ることを端緒にして，その設立理念や保育内容を理解することができるであろう。

　本章で保育の歴史を学ぶのは，皆さんが将来的に保育という営みに関わっていく中で，とても大切な気づきを与えてくれるからである。

　保育，教育という営みの原初的なものは，生物学的なヒトが人間として社会生活をしはじめた当初からなされてきた。そういった意味では，保育の歴史は，全世界の人々のこれまですべての時代の営みが対象となりうる。しかしこの章で保育の歴史をまとめるにあたっては，その長くて膨大な営みのうち，その一部，日本の社会が近代化する中で，組織的に専門家の関わりによって実施されてきた歴史を概観する。その考察をすすめるにあたっては，まず，現代の私たちの保育思想，子ども観に影響を与えてきた海外の教育思想の一端を概観する。

第1節　近代的な子ども観・保育観の芽生え

　保育の歴史をみる際に，重要な出発点となるのは，子どもには子どもにふさ
わしい教育保育をすることが望ましいという考えの誕生である。

　その画期的な変化の前史として，コメニウス（Comenius, 1592-1670）の教育
観，そして彼の著作『世界図絵』は注目されるであろう。その『世界図絵』は，
現在の絵本の始まりであるとも言われており，見開きにイラストとともにその
事物の説明がまとめられている。彼は，教育における感覚を重視するいわゆる
直観教授の創始者であり，難解で退屈なラテン語の学習において子どもの興味
や関心を喚起する絵を教科書に導入したことから，子どもの真の理解者・発見
者とも位置づけることができる（乙訓，2010：23）。

　17世紀に活躍したロック（Locke, J., 1632-1704）は，イギリスの経験論哲学
の思想家の一人で「白紙説（タブラ・ラサ）」という考え方で知られている。白
紙説は，人間は生まれたときにはまっさらな状態で，その後にどのような経験
をするかによってその有り様が左右されるという考え方である。それは，幼児
期の子どもへの教育の大切さも示している。

　これらの後に起こった教育思想史上の画期は，ルソー（Rousseau, J.-J., 1712-
1778）による「子どもの発見」である。子どもは「小さな大人」として未熟で
半人前な存在として扱われるべきではなく，特有の存在であることを理解して
養育すべきであると考えられた。ルソーは，フランスで
活躍した思想家であり，彼の著書『エミール』によって，
子どもの理解とそれにふさわしい教育の有り様を示した
ことから子どもの発見者といわれている。『エミール』
においては，その当時の主流であった教え込む教育を非
難して，いわゆる「消極的教育」を推奨した。保護者や
教育者による必要以上の働きかけを否定し，子どもの肉
体的・精神的成長に適った教育を推奨し，具体的に例示
しながら説明している。

図5-1　ルソー

図5-2　ペスタロッチ

図5-3　フレーベル

図5-4　モンテッソーリ

　ペスタロッチ（Pestalozzi, J. H., 1746-1827）は，スイスに生まれた教育実践家である。戦争孤児や貧しい子どもの教育に尽力した。その施設の運営は，必ずしも成功したとは言えないけれども，そこでの実践は広くヨーロッパに伝えられた。彼の教育観を表す言葉に「生活が陶冶する」があり，生活そのものが子どもたちを成長させることを意味している。

　このペスタロッチから影響を受けたのは，ドイツに生まれたフレーベル（Fröbel, F. W. A., 1782-1852）である。彼は幼児教育の重要性に注目し，幼児教育固有の内容と方法があることを示し実践した。幼稚園の創始者としてその名が知られている。彼の創設した施設は，ドイツ語で"Kindergarten"と名付けられた。"子どもの園"とも直訳できるこの言葉には，子どもたちそれぞれが花園の花のように咲き誇って欲しいという思いが込められている。彼は遊びの教育的意義に注目していた。彼の教育方法のひとつに，恩物という教材を用いた保育がある。

　エレン・ケイ（Key, E., 1849-1926）は，スウェーデンの思想家である。20世紀の初頭，彼女の著書『児童の世紀』によって，20世紀こそは子どもが幸せに育つ平和な社会が築かれる時代であるべきと主張して世界的な注目を集めた。その考えは，児童中心主義運動，新教育運動に影響を与えた。

　モンテッソーリ（Montessori, M., 1870-1952）は，イタリアの医者・教育者である。医学を修め，開業の傍らに精神病院や知的障害児教育施設で研究を続ける中で，健常児への教育に関心を持ち始めた。1907年，貧民街に「子どもの家」を開設し，そこでの活動を通して，感覚運動教育を基礎にした教育方法を開発した。その教育方法は

モンテッソーリ教育法として知られ，その後広く海外にも普及した。

　ここに紹介した子ども観，保育観の展開，またこれに基づいての実践は，やがてヨーロッパ世界の政治経済的な影響力の拡大とも期を同じくして，教育思想の普及の一端，近代的な社会の仕組みの一端として広まっていった。日本もこれらの教育思想や教育実践から，比較的早い時期に，かなり強い影響を受けた国であるといえよう。

第2節　日本の保育施設の誕生

　19世紀の半ばに，世界の列強と言われる国々が工業化を果たし，資源や国土（植民地）の獲得競争を進めていた。そのような世界情勢の影響を受けつつ，日本は明治政府のもとで，欧米の国々に遅れて近代化を目指していた。

　明治初期の日本は，まだ財政的な弱さを抱える中で，富国強兵を図る国策の一環として教育制度の整備が進められ，海外の事例にならった学制が1872年に公布された。学制は，全国を学区制に分けて，そこに小学校，中学校，大学校を設立し人材育成を行おうとする壮大な計画であった。その直前に発布された「被仰出書」では，学制の趣旨や基本理念が説明され，学問によって立身出世が果たされること，教育の機会均等や国民皆学などの方針が示されていた。

　学問による立身出世や国民皆学という指向を明治以前の歴史に背景を求めてみる。江戸時代も半ばを過ぎると，時期や地域などによって差異もあったけれども，比較的平和な社会のもと商品経済が広まっていたことから，読み書き算の能力が必要とされた。これを教える場所として，寺子屋という教育施設が全国的に普及していた。明治期以前から日本の人々は，読み書きの素養を身につけることの重要性を広く認識していたようである。

　子どもたちに学びの機会を与えることには一定の理解があったと推測されるものの，学制によって明治初期に子どもたちの就学義務が打ち出された際には，人々から賛同を得られなかった。養育の期間を過ぎた子どもたちは，働き手と見なされていたので，その子どもたちを学校に通わせることには反対が多くあり，義務教育の普及がすすむには時間が必要であった。

（1）東京女子師範学校附属幼稚園の設立

　学制が公布された前後，欧米の教育施設に関する情報が受容される中で，幼児教育の必要性が見いだされるようになった。学制の規程には，「幼稚小学」という学校種があり，6歳までの子どもが小学校に入る前の「端緒」を学ぶ場と定められていた（学制第22章）。しかしこの幼稚小学は実際には開設されるにいたらなかった。

　その後1876年に文部省によって設立されたのが東京女子師範学校附属幼稚園である。東京女子師範学校は，1874年に設立されたばかりであり，女子の入学できた数少ない中等教育機関であった。

　設立当初の附属幼稚園は，監事（園長）が関信三，首席保姆が松野クララであり，保姆として豊田芙雄，近藤はまが在籍していた。松野クララは，ドイツ人であり，母国ドイツのフレーベルが設立した学校にて保育を学んでいた。日本人官吏と結婚したことから日本で生活していた。

　この附属幼稚園で行われた保育は，首席保姆の松野の影響もあり，フレーベル主義に基づいていた。その当時の幼稚園での専門家による活動は，一般に「保育」と呼称されていた。

　ここで「保育」という用語についてまとめてみれば，昭和の戦前期まで，幼稚園で行われる活動は「保育」と呼称されていた。たとえば，1926年に発布された幼稚園令においても，「幼稚園ハ幼児ヲ保育」することが目的とされていた。当時の託児所，保育所では，そこで行われる営みも幼稚園にならって保育と呼称されるようになった。

　保育の専門家・実践家については，東京女子師範学校附属幼稚園などの幼稚園において「保姆」と呼称され，その後の幼稚園令においても同様に「保姆」と規程されていた。

図5-5　東京女子師範学校附属幼稚園の遊戯の様子

出所：小林恵子（2003）『日本の幼児教育につくした宣教師
　　　〈上巻〉』キリスト新聞社より。

読み方は「保母」と同様の「ほぼ」である。戦後の児童福祉法において，保育所で働く専門家に「保母」の呼称が用いられるようになり，1999年から「保育士」と改称されるようになった。

（2）女性宣教師の果たした役割

　日本の近代史において，在来の知識や文化に海外のものがどのように受容されていったかを明らかにすることは重要な課題となっている。日本の政治制度や教育制度，農業商業工業などの経済活動においては，積極的に欧米の先進諸国から学ぼうとしており，実際に海外からの影響があり，海外の制度を見聞してそれらを受容していた。幼児教育の分野においても，具体的には，この東京女子師範学校附属幼稚園の設立とその後の運営においては，海外の教育思想やその実践が影響を与えていた。それは，幕末期から明治初期にかけて日本に滞在していたキリスト教伝道活動の宣教師たちの活動であった。とくに女性宣教師の活動は，先に挙げた附属幼稚園の設立など，日本の幼児教育の起源に結びついている（熊田，2022：47）。

　「お雇い外国人」という呼称があるように，明治初期には，欧米の専門家・実践家が当時の最先端の知識や技能を日本人に伝える取り組みが，国レベル・地方レベルで行われていた。幼児教育の分野では，女性宣教師がそのような役割を果たしたともいえよう。

　1871年，横浜などの外国人居留地において問題となっていた私生児の養育や，日本で遅れていた女子教育の充実を図るため，米国夫人一致外国伝道協会より派遣された3人の女性宣教師によって「アメリカン・ミッション・ホーム（亜米利加婦人教授所）」が開設された。施設における乳児や女

図5-6　アメリカン・ミッション・ホームの女性宣教師と子どもたち

出所：横浜共立学園（2004）『横浜共立学園資料集』より。

児への養育・教育の有り様を体感したことによって，中村正直や関信三らの行政官，教育者に加えて，附属幼稚園の保姆となった「近藤はま」や，後に自らキリスト教学校を設立した「桜井ちか」などがその後，保育の分野で活躍した。

（3）簡易幼稚園の設置の奨励

　東京女子師範学校附属幼稚園で行われた保育は，教材として「恩物」を用いていた。フレーベルによって考案された教育玩具である恩物は，子どもたちの能力が開発されるよう，神からの贈り物として授けられたものという意味を持っている。この玩具は，子どもたちの感覚能力を高めるためのものであったが，当時の日本の保育現場では形式的な用いられ方がされていたため，子どもたちの生活の実態には合致していなかった。

　幼稚園の量的な普及は順調には進んでおらず，1880年の幼稚園数は全国で5園のみであった。ここには，東京女子師範学校附属幼稚園で保姆を務めていた豊田芙雄が鹿児島県に招へいされて1879年に開設した鹿児島女子師範学校附属幼稚園が含まれる。

　幼稚園の普及があまり順調ではない中で，1882年に文部省は簡易幼稚園の開設を奨励した。それまでの規程において幼稚園に求められていた設備の条件のもとでは，設立が進まなかったからである。この簡易幼稚園を導入することによって，経済的な理由から幼稚園に通えない子どもたちを受け入れたいと考えた。

　このような文部省の働きかけなどを受けて，1885年には幼稚園が全国に計30園となったが，各地に普及しているとはいまだいえない状況であった。明治政府のもとで，1870年代より幼児教育に注目したものの，それを受け入れるような社会的な状況が整っていなかったといえるであろう。保育施設，託児所の前期的形態とも言えるような施設が普及するためには，もう少し時間が必要であった。

第3節　戦前における保育施設の普及

　1880年代頃までは，先進的な活動が一部地域で認められ，幼稚園の設立はあったものの，幼稚園が量的に普及するにはいたらなかった。

　まだ多くの日本人にとっては，お金を出して乳幼児期の子育てを専門家に委託するという必要性が感じられることがなかったからである。あるいは，子どもたちへの教育保育に注意を向ける生活の余裕がない状況だったからである。

　しかし，1890年代頃になると，地域によって差異はあるものの，富国強兵政策のもとで産業が推奨される中で，学問の必要性と就学の効果が認識され，小学校への就学率が向上していった。1900年代の終わり頃（明治30年代）には，9割の子どもたちが学校へ通うようになっていた。

　一方，工業化が進む中で都市部の労働者が工場で働くようになり，その子どもたちを託児する必要がでてきた。これが託児所の設置と普及につながった。

　日清戦争，日露戦争を経た1900年代になると，工業化が進んだ社会の中で経済的に余裕のある人が一定数出現するようになった。そして1920年代，大正時代には新中間層が形成されるようになった。この大正時代は，一時的に社会の風潮が比較的自由であり，経済的・社会的な余裕を得た人々は，子どもたちの教育に関心を寄せるようになった。

　この頃，それ以前の19世紀末頃から広まった新教育運動と呼ばれる思想的，活動的な潮流が日本にも影響を及ぼした。この運動は，西ヨーロッパや北アメリカを中心に起こった活動である。それまでの教授者中心，学術的な系統を中心とした教育活動ではなく，学習者中心，経験主義に理解を示した教育の有り様を推進する思想の潮流であった。アメリカの教育学者デューイ（Dewey, J., 1859-1952）は，この時代を代表する研究者の一人であり，彼は子どもの興味関心や疑問を学びの起点とすべきであると考えていた。

　この新教育運動の影響を受け，特徴的な教育方針を持つ私立の小学校が都市近郊に設立された。たとえば，成城小学校や文化学院などがある。幼稚園においては，子どもの自由な活動を重視する実践や研究が進められた。この動向は

大正新教育運動と呼ばれている。

（1）都市部等での勤労者のための保育施設

　幼稚園は，明治初期に「官」の主導で始まり，普及されようとしていた。一方で労働の必要や貧困ゆえに十分な育児ができない家庭の乳幼児を対象とする施設が，さまざまなかたちで，主として民間の力で誕生した。これらの一部は幼稚園として設立されたけれど，大部分は制度上の根拠のないものとして運用された。これらの施設は，戦後の児童福祉法によって制度化された保育所の源流ともいえる（汐見ら，2017：93）。

　明治期に誕生した保育施設には，子守学校に附設された施設，工場託児所，貧困家庭を対象とする幼稚園などさまざまなものがあった。そのような施設のひとつとして，1900年に創設された「二葉幼稚園」がある。東京に増加していた製糸工場などで働く女性たちのために，野口幽香と森島美根（斎藤峰）によって設立された。彼女たちには，貧しい子どもたちにも豊かな保育を行いたいという使命感があった。

（2）農村保育事業の展開

　農村部においては，都市部より遅れて保育施設が開設された。主たる生業であった農業への従事は一家総働きで行われており，子どもの世話も一家が関わって行われていた。しかし農繁期（米作りの場合には，春の田植え，秋の稲刈りの時期）には子どもの世話に手が回らない状況であった。このような事情から，農村における保育施設は，まず「農繁期託児所」として始まった。これが多数開設されるようになったのは昭和戦前期・戦中期であった（松本，2021：288）。これら農繁期託児所も戦後の保育所設立へとつながった。

（3）戦時保育施設の設立

　社会的事件は，人々の生活に大きな影響を及ぼす。その最たるもののひとつに戦争がある。日清戦争や日露戦争などの対外戦争は，国民生活に多様な影響を及ぼしており，保育分野にも影響が及んだ。

　日露戦争（1904－1905年）は，対戦国ロシアの国内事情もあって，結果的に戦勝国となったものの，日本国民は多くの犠牲をはらった。幼い子どものいる家庭の父親も出征し，戦死した人，傷病者となった人も多くいた。この時期に，働き手の出征により貧困に陥った家族の救済を目的とする保育施設が各地につくられた。出征した父親の代わりに，母親が生計を立てられるように労働の場所を提供されたものである。これら施設の多くは，日露戦争が終わると閉鎖されたものの，一部は継続されることになった（汐見ら，2017：131）。戦争を進めるために，母親の労働のための保育施設が内務省の指導によりかなりの規模で運営され，日露戦争後にもこの種の保育施設の必要性が認識され，明治40年代以降の感化救済事業において補助金の対象になることにつながった。

（4）幼稚園令の制定

　1900年を過ぎ，幼稚園が数的に普及してきたことから，制度面でも充実させることを求める声が盛んになってきた。この動きを得て，1926年，日本ではじめて幼稚園に関して独立した勅令として「幼稚園令」及び「幼稚園令施行規則」が制定された。

　同令の第1条では，幼稚園の目的について，「幼稚園ハ幼児ヲ保育シテ其ノ心身ヲ健全ニ発達セシメ善良ナル性情ヲ涵養シ家庭教育ヲ補フヲ以テ目的トス」と記されている。つまり，保育によって子どもたちの心身を健全に発達させ，善良な性格形成に寄与することが目指された。幼稚園で働く保姆は「幼児ノ保育ヲ掌」り，「保姆ハ女子ニシテ保姆免許状ヲ有スル者タルヘシ」と規定された（第7条）。

　幼稚園令施行規則では，幼稚園の児童数は120人までとし（第3条），保姆一人あたりの幼児数は40人までと規定された（第4条）。

　幼稚園令が制定されたことなどを契機に，幼稚園数は1930年頃まで増加していった。

（5）大震災と社会の変化

　比較的穏やかな時代は，1923年9月に起きた関東南部の神奈川沖を震源地と

する大地震，そしてその影響による首都圏の大火災よって多数の死者を出した関東大震災を一つの契機に，後退していくこととなった。

　その数年後の昭和初期，1929年にアメリカ合衆国のニューヨークの株式取引所での株価暴落によって始まった世界恐慌の渦に日本も巻き込まれ，社会情勢は一気に悪化し，国内の農作物の不作なども重なり，都市部，農村部のそれぞれで生活の厳しい人々が増加した。経済的な不況は治安の悪化，社会不安を引き起こし，1930年代の戦時体制へとつながっていった。

　昭和期のはじめには，経済的不況のもと，これまで家庭内での仕事に従事することの多かった女性が工場労働者などとして，働きに出ることが多くなり，さらに託児施設が普及することとなった。

（6）戦時下の保育施設

　1930年代半ば過ぎには，日中戦争勃発の影響によって，中国での戦線の拡大に伴う出征家族の増加が保育にも影響を与えはじめた。この時期には，託児所・保育所・季節託児所の増加が著しかった（清原ら，2021：16）。

　戦局が進み，1940年代の半ば近くになると，幼稚園などにおいては，園舎が破損したり焼失しても修理ができなかったり，軍関係をはじめ他の施設に転用されたりするなどの状況にあり，不十分な保育環境に置かれていた（清原ら，2021：111）。

　1945年になると，地方都市においても空襲の被害が拡大し，保育施設を維持し，活動を継続することは困難な状況にあった。都市部にあった保育施設においては，農村部に疎開する事例もあった。一方，農村部にあっては，都市部からの学童疎開を受け入れるために活動ができなくなったり，縮小された保育施設もあった。

第4節　戦後の保育の復興と発展

　第二次世界大戦への参戦は，対戦国の多くの人々に，そして日本自身へも甚大な被害をもたらした。当時の都市や工業地帯の多くは，飛行機を用いた爆撃

によって焼け野原となった。市街地が攻撃され，教育施設や保育施設も例外ではなかった。

　日本は，無条件降伏し，1945年 9 月に休戦協定に調印し，降伏が確定して連合国軍総司令部（GHQ）の占領下に置かれることになった。その GHQ による間接統治のもとで日本の民主化が進められた。

　戦後日本の復興の象徴となるものが日本国憲法であろう。戦後間もなく，従来の大日本帝国憲法を改定すべく，その作業が進められた。戦前戦時中の反省をもとに，日本国憲法は形作られていった。

　日本国憲法は，1946年11月 3 日に公布され，翌年1947年 5 月 3 日に施行された。その内容は，平和主義，基本的人権の尊重，国民主権という三大原則で説明される。この日本国憲法の精神を受け，教育の憲法ともいわれている教育基本法が1947年 3 月に公布された。

　教育という営みは，ある意味で休むことが許されない。社会が大きく変化する中においても，そのときどきに学齢期にある子どもたちに向けての機会を保障しなければ，当該の子どもたちにとって取り返しの付かない損失となってしまうからである。戦後間もないこの時期，焼け野原の地域にあっては，青空学級と称して，施設設備が整わない中で教育活動が進められた。物資不足の中，新しい時代に即した教科書が手配されない場合には，軍国主義的な内容などの部分を，各人が墨などで黒塗りした教科書，いわゆる「墨塗り教科書」が授業で使用されていた。託児所についても，青空保育と称して，屋外での保育活動の事例がみられた。

（1）戦後の保育再開

　戦後の生活は困窮を極め，人々は戦争被害の後片付けに追われた。乳幼児のいる家庭においても，父親が戦死したり傷痍したり，戦地から家庭が数多くあった。そうした戦争直後の困難な状況のなか，保育の現場では，乳幼児の健康や生活を案じ，将来の人間形成を目指して保育の再開に着手するが，その道は容易でなかった。頻繁に出された空襲警報や爆弾投下の恐怖からは解放されたものの，園舎が焼失されたところ，被害を受けなかったところと，地域や園

によって再開時点での状況は様々であった（清原ら，2021：243）。

　戦後の保育再開にあたっては，戦災からの復興を目指して，どの園も少しでも早く園児たちを受け入れ，健康を守り，平時のような保育をしたいという思いから保育者ら関係者が取り組んでいた。

（2）保育所と幼稚園の二元法制

　幼稚園は，戦後の教育改革のもとで，1947年3月に制定された学校教育法の中で位置づけられることになった。その第1条で小学校や中学校，高等学校などと並んで，「学校」の一つとして規定された。そして以降，文部省（現在の文部科学省）の所管のもとで展開していくことになった。

　一方，保育所については，「教育」の枠に入りきらない「福祉」領域を担う児童福祉施設として，1947年12月に制定された児童福祉法の中で正式に制度化されることになった（加藤，2021：34）。保育所は，その前期的形態が託児所等の名称で開設，運営されてきたけれど，ここにおいて法的に位置づけられることになった。これ以降，厚生省（現在の厚生労働省）の所管のもとで展開していくことになった。

　戦後の保育・幼児教育制度の形成過程において，戦前より課題になっていた幼保二元制度を克服し，一元的な制度確立に向けた交渉が文部・厚生両省の間で展開されていたけれど，交渉は成立せず，二つの法律にもとづく二元制度として，戦後の保育の制度は開始されることになった。

　このように制度は二元化されたものの，保育実践の中身は同一であるという理念のもとで，幼稚園・保育所・家庭で使用することを目的に，保育実践の基準文書として『保育要領』が1948年3月に刊行された（加藤，2021：393）。この『保育要領』の作成過程においては，アメリカ合衆国から派遣されたフェファナン（Heffernan, H., 1896-1987）が重要な役割を果たした。日本側の担当者には，東京女子高等師範学校教授の倉橋惣三や文部省の坂元彦太郎が含まれていた。この『保育要領』は，その後1956年に作成される「幼稚園教育要領」の前史にも位置づけられる。

（3）施設数の増加と内容の整備

　1947年頃から出生児の激増と核家族化の傾向が現れたことにより，そして一般社会において幼児教育に対しての認識が高まったことなどから，幼稚園に入園を希望する家庭が増加し，1949年以降に幼稚園は急激に増加した。1950年には，全国に2,100園あった。1952年以降は，毎年400園から900園程度の幼稚園が新設され，この傾向は1957頃まで続いた（文部省，1972：871）。

　保育所の普及も著しかった。1950年，全国に3,684園で入所児童数29万人であったものが，1955年には8,392園で65万人へとそれぞれ倍増していた。

　施設の量的拡大が進むのに合わせて，その内容の整備が進められた。

　文部省は，『保育要領』実施後の経験と研究の結果に基づき，また保育現場の要望にこたえて1956年に「幼稚園教育要領」を作成した（文部省，1972：870）。この要領においては，教育内容を「健康」，「社会」，「自然」，「言語」，「音楽リズム」，「絵画制作」の6領域に分類した。さらに1964年には，それを改訂し，文部省告示として「幼稚園教育要領」を公表した。

　保育所の保育内容については，1948年12月の「児童福祉施設最低基準」によって国の指針が示された。この最低基準には，簡単に保育の内容が列記されるに過ぎなかった。続いて1950年3月に厚生省児童局より『保育所運営要領』が出された。ここで保育所の保育内容について，厚生省からはじめて詳しい指針が示された。その「保育の内容」として，乳児の保育，幼児の保育，学童の指導，家庭の指導，に分けて記述されており，1日の保育プログラムや1年間の保育カリキュラムについても言及していた（汐見ら，2017：267-268）。その後，「保育所保育指針」は，1965年に制定された。この保育指針では，「養護と教育とが一体となって豊かな人間性をもった子どもを育成する」ことが目指された。この教育の部分については，幼稚園教育要領に示された内容に準ずることとされている。

（4）現代とのつながり

　1989年，国連において子どもの権利条約（児童の権利に関する条約）が採択され，2023年現在，196の国と地域がこの条約に批准している。日本も1994年に

批准した。この条約には，子どもが子どもとして尊重され，誰もが幸せに生きるために，教育を受ける権利とその機会の平等が記されている（第28条）。

　日本国内においても，幼児期における教育の大切さが広く認識されるようになってきた。2006年に改正された教育基本法においては，家庭教育（第10条），幼児期の教育（第11条）の項目が立てられている。

　2006年に創設された「認定こども園」は，2015年に開始された「子ども・子育て支援新制度」のもとで，その普及が目指された。新たに設立された認定こども園も多いが，保育所・幼稚園が認定を受けて認定こども園になったものもある。2023年5月現在で，前年より325園多い6,982園の幼保連携型認定こども園があり，前年より2万1,850人多い84万3,261人の子どもたちが通園している。最新の動向は，所管する省庁が発表する数値などを参照してほしい。

　子どもには，子どもにふさわしい教育保育をするのが望ましいという考え方は社会に定着しつつあり，そのための制度をつくり，保育内容が盛り込まれようとしている。現在の日本において，保育所・幼稚園・認定こども園は併存しており，それらがどのように整備されていくのかは今後の課題となっている。

　歴史を振り返ることが，現在の私たちの活動を見直す視点を与えてくれる。皆さんも，これから関わる保育施設，それぞれの現実をみる際に，それぞれの施設の歴史について関心を持ってほしい。そして改めて，日本の保育の歴史，世界の保育の歴史に思いを巡らせるとともに，今後の保育・教育の有り様を考えてほしい。

引用・参考文献
加藤繁美（2021）『保育・幼児教育の戦後改革』ひとなる書房.
清原みさ子・豊田和子・寺部直子・榊原菜々枝（2021）『戦争と保育～戦中・戦後の幼稚園・保育所の実際』新読書社.
熊田凡子（2022）『日本におけるキリスト教保育思想の継承－立花富，南信子，女性宣教師の史料を巡って』教文館.
松本園子（2021）「保育所的保育施設の成立と展開」太田素子・湯川嘉津美編『幼児教育史研究の新地平　上巻』萌文書林.

文部省編（1972）『学制百年史』帝国地方行政学会.

乙訓稔（2010）『西洋近代幼児教育思想史――コメニウスからフレーベル〔第二版〕』東信堂.

汐見稔幸・松本園子・髙田文子・矢治夕起・森川敬子（2017）『日本の保育の歴史』萌文書林.

第6章
保育の内容

　この章では，「保育の内容」について学ぶ。「保育の内容」（幼稚園教育要領，幼保連携型認定こども園教育・保育要領では「内容」と称されている。以降では「保育内容」と記す）とは何か，「保育内容」は初等教育以上の「教科」とどのように異なるのか，「保育内容」の5領域「健康」「人間関係」「環境」「言葉」「表現」それぞれにどのような「ねらい」と「内容」があり，「ねらい」と「内容」はどのような保育実践により具現化されているのかを事例から理解する。

第1節　「保育内容」とは

　「保育内容」とは，幼稚園，保育所，幼保連携型認定こども園における保育の目標を達成するために展開される生活のすべてであり，子どもの人間形成の媒体となるものである。保育内容には5つの領域「健康」「人間関係」「環境」「言葉」「表現」があり，領域とは保育者が子どもの発達をみとり，子どもの園生活における学びを援助する際の視点となるものである。

　領域は初等教育以上の教科とは異なる。教科は，「科学・技術・芸術等の文化遺産を教育の観点から精選し，学年を考慮して学習内容を配列編成したもの」（丹伊田，2015：374）であり教科ごとに教科書があるが，保育内容は子どもが登園してから降園までの間に経験するすべての活動を指す。例えば，身支度，飼育当番の仕事，積み木遊び，話し合い，昼食，午睡，遠足，小学校との連携活動等のすべてである。これらの活動は5領域が相互に連関し合いながら展開される。

　本章では，幼稚園教育要領，保育所保育指針（3歳以上の保育に関するねらい

及び内容），幼保連携型認定こども園教育・保育要領（3歳以上の保育に関するね
らい及び内容）に示された，五領域「健康」「人間関係」「環境」「言葉」「表現」
それぞれの「ねらい」と「内容」を初めに確認する。領域の「ねらい」とは，
小学校入学までに「育つことが期待される生きる力の基礎となる心情，意欲，
態度など」（幼稚園教育要領，2017）であり，内容とは，「ねらいを達成するため
に指導する事項」（幼稚園教育要領，2017）である。

　「ねらい」と「内容」の確認後，「ねらい」を達成するために指導する事項で
ある「内容」の実際を，それぞれの領域を中心として展開されている保育実践
事例から解説する。「内容」は，各園の置かれた地域の特徴や教育方針，子ど
もの状況等により異なるため，保育実践事例を示して各領域の「ねらい」がど
のように具体的に達成されているのかを確認していく。

　なお，2017年3月に改訂された保育所保育指針，幼保連携型認定こども園教
育・保育要領では，乳児保育の「ねらい」と「内容」が5領域をもとに「3つ
の視点」から示されている。「3つの視点」は，「健やかに伸び伸びと育つ（身
体的発達に関する視点）」，「身近な人と気持ちが通じ合う（社会的発達に関する視
点）」「身近なものと関わり感性が育つ（精神的発達に関する視点）」である。

第2節　「保育内容」の「ねらい」と「内容」

（1）保育内容「健康」

　保育内容「健康」は「健康な心と体を育て，自ら健康で安全な生活をつくり
出す力を養う」（幼稚園教育要領，2017）ことを目的とした領域である。幼稚園
教育要領，保育所保育指針，幼保連携型認定こども園教育・保育要領には，3
つの「ねらい」と10の「内容」が以下の通り示されている。

　ねらい
　（1）　明るく伸び伸びと行動し，充実感を味わう。
　（2）　自分の体を十分に動かし，進んで運動しようとする。
　（3）　健康，安全な生活に必要な習慣や態度を身に付ける。

内容

(1) 先生や友達と触れ合い，安定感をもって行動する。

(2) いろいろな遊びの中で十分に体を動かす。

(3) 進んで戸外で遊ぶ。

(4) 様々な活動に親しみ，楽しんで取り組む。

(5) 先生や友達と食べることを楽しむ。

(6) 健康な生活のリズムを身に付ける。

(7) 身の回りを清潔にし，衣服の着脱，食事，排泄などの生活に必要な活動を自分でする。

(8) 幼稚園における生活の仕方を知り，自分たちで生活の場を整えながら見通しをもって行動する。

(9) 自分の健康に関心をもち，病気の予防などに必要な活動を進んで行う。

(10) 危険な場所，危険な遊び方，災害時などの行動の仕方が分かり，安全に気を付けて行動する。

　保育内容「健康」の「ねらい」を達成するために，具体的にどのような「内容」が行われているのか，以下の保育事例から確認してみよう。

○領域「健康」を中心とした保育実践事例

　A園では，例年4月下旬前後から新入園児である3歳児クラスの子どもたちが裸足になって砂場で遊ぶ姿が見られるようになる。保育者が指示する訳ではないのだが，5歳児，4歳児クラスの子どもたちが園庭で気持ちよさそうに裸足で遊ぶ姿を見ているうちに，新入園児たちも自ら靴下を脱いで砂場で砂や水に触れて遊ぶことを楽しむようになる。園生活の様子がわかってくると，バケツ，如雨露，シャベル，樋など多様な道具を用いて遊び込むようになっていく。作った砂山に水の通る川を作り，水をバケツや

図6-1　裸足で水や砂に触れて遊ぶ

如雨露で流すと水は川筋に沿って流れていくが，水は流れつつ砂山に吸収されてしまう。長い時間，川に水が流れている状態を作るには，バケツに次々に水を入れ，バケツの水を砂山に流し続ける必要がある。そのため子どもたちは水を流して水の流れを確認すると，すぐにバケツを持って，再び水道場に水を汲みに走っていく。

　この事例では，子どもが自分から進んで園庭に出て，砂山作りを通して走ったり歩いたりして，伸び伸びと身体を動かし遊ぶ中で充実感を得ていることがわかる。この保育実践事例においては，保育者の子どもに対する直接的な指導は示されていないが，環境構成をすることも保育者の重要な役割の一つである。身体の諸機能が著しく発達する幼児期は，「健康な心と体を育て，自ら健康で安全な生活をつくり出す力を養う」（幼稚園教育要領，2017）ことのできる環境を作ることが重要である。この砂場での遊びは，砂場，水，バケツ，年上の子どもたちからの刺激という環境がなければ成り立たない経験であり，後述する領域「環境」と密接にかかわっており，保育内容が総合的に展開されるものであることが理解できる。

　領域「健康」には，「ねらい」（3）にあるように，安全な生活を送るための指導も必要であり，地震や火事，津波等を始めとした災害への避難訓練も含まれ，子どもの生命を守るために保育者主導による指導を中心とした活動も必要であるが，避難訓練で自分の身を守るために敏捷に動くことができるのは，毎日の遊びを通して健康な生活を送ることが基盤となっているのである。

（2）保育内容「人間関係」

　「他の人々と親しみ，支え合って生活するために，自立心を育て，人とかかわる力を養う」（幼稚園教育要領，2017）領域が「人間関係」である。幼稚園教育要領，保育所保育指針，幼保連携型認定こども園教育・保育要領には，3つの「ねらい」と13の「内容」が示されている。

ねらい

(1) 幼稚園生活を楽しみ，自分の力で行動することの充実感を味わう。

(2) 身近な人と親しみ，かかわりを深め，愛情や信頼感をもつ。

(3) 社会生活における望ましい習慣や態度を身に付ける。

内容

(1) 先生や友達と共に過ごすことの喜びを味わう。

(2) 自分で考え，自分で行動する。

(3) 自分でできることは自分でする。

(4) いろいろな遊びを楽しみながら物事をやり遂げようとする気持ちをもつ。

(5) 友達と積極的にかかわりながら喜びや悲しみを共感し合う。

(6) 自分の思ったことを相手に伝え，相手の思っていることに気付く。

(7) 友達のよさに気付き，一緒に活動する楽しさを味わう。

(8) 友達と楽しく活動する中で，共通の目的を見いだし，工夫したり，協力したりなどする。

(9) よいことや悪いことがあることに気付き，考えながら行動する。

(10) 友達とのかかわりを深め，思いやりをもつ。

(11) 友達と楽しく生活する中できまりの大切さに気付き，守ろうとする。

(12) 共同の遊具や用具を大切にし，みんなで使う。

(13) 高齢者をはじめ地域の人々などの自分の生活に関係の深いいろいろな人に親しみをもつ。

　以上のような保育内容「人間関係」の「ねらい」を達成するために，具体的にどのような「内容」が行われているのか，以下の保育実践事例から確認してみよう。

○領域「人間関係」を中心とした保育事例──大切な電車が壊れて

　カイくんは，創作意欲にあふれた子どもである。ある日のこと，カイくんはダンボール箱で電車を作り，その電車に乗りこみ，廊下を往復し楽しんで遊んでいた。楽しそうな様子を見てリュウくんも電車に乗りたくなったようで，リュウくんがカイくんに「僕も乗せて」と交渉すると，カイくんはすぐにリュ

ウくんをお客さんとして乗せ、
二人で電車に乗り込み出発し
た。ところが、しばらくする
とリュウくんが「違う、あっ
ち！」「カイくんじゃなくて、
俺が運転手！」と、運転手役
の取り合いが始まり、二人は
もみ合いとなり、そのうち
にダンボールの電車の一部

図6-2　クラスでの誕生日会

が壊れてしまった。カイくんは泣きながら、「リュウくん、大嫌い！　もう遊
ばない！」と言い、壊れた段ボールの電車を畳んで保育室に帰ってしまった。
リュウくんはカイくんの後を追い「やっぱり、カイくんが運転手ね」と声をか
けたが、カイくんが返事をすることはなかった。

　その3日後、6月の誕生会があり、6月生まれのカイくんはクラスで祝って
もらったが、誕生会後にサプライズがあった。リュウくんが他の友達と一緒に
カイくんのために作ったゲームをプレゼントしたのである。喧嘩の後にしょん
ぼりしていたリュウくんの気持ちを担任が察し、リュウくんと他の友達で、プ
レゼントを作ることを提案したのである。カイくんは笑顔でプレゼントを受け
取り、修理をした段ボールの電車に二人で乗り込んで一緒に遊ぶようになった。

　遊びを中心とした幼稚園生活の中で、自分の力で行動すること、友達や保育
者等、身近な人と親しみ、かかわりを深めていくことが重要である。だが、友
達との関係づくりにおいては、いつも嬉しさや楽しさ等のポジティブな感情が
共有されるばかりではない。カイくんとリュウくんのように思いの違いから喧
嘩になることもある。しかしながら喧嘩を通して子どもは他者の思いや考えを
知り、自己主張や自己抑制を学ぶ。保育者が介入すべき喧嘩もあれば、一方で
この事例のように、子どもが喧嘩を通して学び、子ども同士がよりよい関係を
作っていたために、保育者のさり気ない援助が必要な場合もある。子ども自身
が経験を通して主体的に学ぶことができるような保育者の配慮が求められる。

（3）保育内容「環境」

「周囲の様々な環境に好奇心や探究心をもってかかわり，それらを生活に取り入れていこうとする力を養う」領域が「環境」である。幼稚園教育要領，保育所保育指針，幼保連携型認定こども園教育・保育要領には，３つの「ねらい」と11の「内容」が示されている。

ねらい
⑴　身近な環境に親しみ，自然と触れ合う中で様々な事象に興味や関心をもつ。
⑵　身近な環境に自分からかかわり，発見を楽しんだり，考えたりし，それを生活に取り入れようとする。
⑶　身近な事象を見たり，考えたり，扱ったりする中で，物の性質や数量，文字などに対する感覚を豊かにする。

内容
⑴　自然に触れて生活し，その大きさ，美しさ，不思議さなどに気付く。
⑵　生活の中で，様々な物に触れ，その性質や仕組みに興味や関心をもつ。
⑶　季節により自然や人間の生活に変化のあることに気付く。
⑷　自然などの身近な事象に関心をもち，取り入れて遊ぶ。
⑸　身近な動植物に親しみをもって接し，生命の尊さに気付き，いたわったり，大切にしたりする。
⑹　身近な物を大切にする。
⑺　身近な物や遊具に興味をもってかかわり，考えたり，試したりして工夫して遊ぶ。
⑻　日常生活の中で数量や図形などに関心をもつ。
⑼　日常生活の中で簡単な標識や文字などに関心をもつ。
⑽　生活に関係の深い情報や施設などに興味や関心をもつ。
⑾　幼稚園内外の行事において国旗に親しむ。

以上のような「ねらい」を達成するために，どのような「内容」が行われて

いるのか，以下の保育実践事例から確認してみよう。

○領域「環境」を中心とした保育事例——蝉を戻したショウくん

　B園では夏になると蝉を捕まえたり，蝉の抜け殻を集めて遊ぶ子どもたちの姿が見られる。B園では月1回，園から徒歩10分の場所にある公園で園外保育を行っているが，公園にも園庭と同様に蝉や様々な虫がおり，子どもたちは園庭で虫探しをするのと同様に公園でも蝉や虫探しをして楽しんでいる。

　公園で園外保育を行ったある日のこと，園庭で誰も捕まえたことのないような大きな蝉をショウくんが見つけた。「触らせて」「どこで見つけたの」と，友達は次々にショウくんに声をかけ，ショウくんも誇らしげな様子であった。だが，いよいよ園に帰る時間になり，事件が発生した。蝉を園に連れて行こうとするショウくんに友達が口々に「蝉を返してきたら」「幼稚園に持って帰っちゃいけないんだよ」と言い始めたのである。友達から咎められれば咎められるほどショウくんは頑なになり，友達に対して無言で背中を向け続けた。それでもなおも友達が「あー，蝉が可哀そう」「持って帰っちゃ，いけないんだ」とショウくんに声をかけ続け，ついにショウくんは泣きだした。担任保育者のフミコ先生も，ショウくんが蝉を公園の元いた場所に戻してほしいと願っていたが，園に帰る出発ぎりぎりの時間まで，ショウくんの判断を待つことにした。「さあ，ではみんなで帰りましょう。帰ったら給食ね」とフミコ先生が声をかけたそのとき，ショウくんは決心したように進行方向とは逆の方向に振り向き，蝉を捕まえた木に小走りで戻っていった。友達もショウくんの後を走って追った。木の周りをショウくんと友達が囲む形となり，無言で蝉を木に戻すショウくんの手先を友達が見つめる。ショウくんが蝉を戻し終えたことを確認したフミコ先生が，「じゃ，帰ろうね。お腹すいたね。みんな揃ったかな?」とクラスの子どもたちに声をかけた。ショウくんの周りの子どもたちは，「蝉，大きかったよね」「また今度もショウくん，捕まえて」と口々に話して園

図6-3　生命ある蝉との別れ

に向かって歩き始めた。涙目のショウくんは一回だけ蝉を戻した木の方向に振り向いたが，あとは「うん，また捕まえる」と笑顔で答え，友達と一緒に園に向かって歩き始めた。

　子どもは身近な環境に主体的に働きかけながら学んでいく。とくに自然環境は，生命，美，不思議さ，季節，畏敬の念等，子どもが五感を通して学ぶことのできる環境であり，現在，世界的規模での課題解決が求められている気候変動，食糧問題等に深く関わるものである。幼少期から自然に親しみ，二つとして同じものがなく人間がコントロールするには限界のある自然に対する感性，「センス・オブ・ワンダー」を育むことは重要なことである。また，子どもは自然物のみならず人工物にも知的好奇心をもって関わっていく。画用紙，鋏，服，滑り台等，身近な環境全てが子どもにとって学びの対象となる。そのため，保育にどのような環境を用意するのか，保育者の十分な吟味が必要である。

　事例においてはショウくんや友達も，蝉が生命をもった生き物であることを理解していることがわかる。蝉は生き物であるため様々な大きさがある。大きな蝉を捕まえることができて喜びを感じているショウくん，また，園に連れて帰りたい気持ちがある一方，蝉の生命を考えて連れて帰ることを諦めなければならない気持ちの双方の間で葛藤するショウくん，そして，蝉の生命を慮り，元の木に戻すショウくんの姿が描出されている。子どもが喜怒哀楽を感じながら身近な環境から学ぶことができるよう，配慮することが重要である。

（4）保育内容「言葉」

　「経験したことや考えたことなどを自分なりの言葉で表現し，相手の話す言葉を聞こうとする意欲や態度を育て，言葉に対する感覚や言葉で表現する力を養う」領域が「言葉」である。幼稚園教育要領，保育所保育指針，幼保連携型認定こども園教育・保育要領には，3つの「ねらい」と10の「内容」が示されている。

ねらい

⑴　自分の気持ちを言葉で表現する楽しさを味わう。

⑵　人の言葉や話などをよく聞き，自分の経験したことや考えたことを話し，伝え合う喜びを味わう。

⑶　日常生活に必要な言葉が分かるようになるとともに，絵本や物語などに親しみ，先生や友達と心を通わせる。

内容

⑴　先生や友達の言葉や話に興味や関心をもち，親しみをもって聞いたり，話したりする。

⑵　したり，見たり，聞いたり，感じたり，考えたりなどしたことを自分なりに言葉で表現する。

⑶　したいこと，してほしいことを言葉で表現したり，分からないことを尋ねたりする。

⑷　人の話を注意して聞き，相手に分かるように話す。

⑸　生活の中で必要な言葉が分かり，使う。

⑹　親しみをもって日常のあいさつをする。

⑺　生活の中で言葉の楽しさや美しさに気付く。

⑻　いろいろな体験を通じてイメージや言葉を豊かにする。

⑼　絵本や物語などに親しみ，興味をもって聞き，想像をする楽しさを味わう。

⑽　日常生活の中で，文字などで伝える楽しさを味わう。

　以上のような「ねらい」を達成するために，どのような「内容」が行われているのか，以下の保育実践事例から確認してみよう。

○領域「言葉」を中心とした保育事例——言葉でつながり合う

　リクくんは豊かな観察力と言葉での表現力をもっている。友達の誰がどこで，どのような遊びをしているか，誰と誰が喧嘩をしたのかなど，他の子どもが気付かないようなこともよく把握している。その一方，友達と一緒に遊ぶ姿が少なく，クラスの活動も受け身のまま終わってしまうことがあり，担任保育者の

ミズキ先生はリクくんのよさが生かされる場面を探っていた。

　ある日のこと。リナちゃんとカオルちゃんが，ままごとコーナーのスカーフを巡って喧嘩になった。リナちゃんとカオルちゃんは「おおかみと七ひきの仔山羊」ごっこをしていたのだが，衣装として身に着けるスカーフを巡って，いざこざになったのである。リナちゃんの言い分は「私がさっきから使ってたスカーフなのに，どうしてカオルちゃんが勝手にスカーフを使うの？　リナが，ちょっとの間だけスカーフを外してエプロンを取りに行っていただけなのに，勝手にとるのはおかしいよ」とのことであった。一方のカオルちゃんの言い分は「置いてあったから，使っていいと思ったの」ということであったが，そのうちにカオルちゃんが泣き出してしまった。リナちゃんは険しい表情で担任保育者のミズキ先生のもとに行き，「カオルちゃんが勝手に私が使っていたスカーフをとっちゃったの。泣けばいいってことじゃないよね」と，ミズキ先生に訴えた。ミズキ先生は2人の言葉に耳を傾けたが，リナちゃんは「カオルちゃんがパープルのスカーフを勝手にとった」，カオルちゃんは「パープルのスカーフを使いたかった」で平行線のままであった。ミズキ先生は少し離れた場所で一部始終を見ていたリクくんに声をかけた。「リクくん，どうしたらいいかしら」。するとリクくんが「リナちゃんがずっと紫のスカーフを使ってたからカオルちゃんが使えなくて，昨日もカオルちゃんが『貸して』って言ってもリナちゃんは『だめ。カオルちゃんは黄色のを使ったら』って言ってた。だから，カオルちゃんはパープルのスカーフを使えなくて困ってた。でも，リナちゃんは，いつも片付けを最後までやっていて，他のお友達がお部屋に戻った後も紫のスカーフだけじゃなくて，いろんな物を最後まで一人で片づけてるんだよ」。リクくんの言葉を最後まで聞いた後，リナちゃんは「カオルちゃん，ごめんね」とカオルちゃんに声をかけた。カオルちゃんも「片付け，いつも，ありがとう。リクくんも，ありがとう」とリナちゃんとリクくんに声をかけた。ミズキ先生は，リクくんが周囲の状況を見て理解していること，理解したことを言葉にして詳しく表現できることに改めて感心した。と同時に，このようなリクくんの言葉での表現が友達を観察することで生かされるのみならず友達と共に活動をする中で発揮することの必要性を感じた。そこで，ミズキ先生は来

月の誕生日会の出し物で行う「狼と七匹の仔山羊」の劇への参加についてリクくんを誘ってみた。これまでみなの前に出ることは，ためらっていたリクくんであったが今回のミズキ先生の誘いには応じ，当日は仔山羊の一匹になって，ときにアドリブを交えてみなの前で堂々と演じた。観客の子どもたち

図6-4　言葉を伝え合う喜び

も大笑いで劇は盛り上がった。劇の翌日以降，劇に参加した子どもたちが遊びの中で劇を再現して楽しむようになった。リクくんも劇ごっこに参加し，遊びの中で友達と多様な言葉でのコミュニケーションを楽しむようになっていった。

　言葉には多様な機能がある。この保育実践事例では，周囲の状況を言葉で的確に詳しく表現することのできるリクくんが保育者の執り成しにより，いざこざになった友達の関係を修復し，その後，劇や劇ごっこに参加する中で友達との言葉を伝え合いに楽しさを感じていく姿が描出されている。領域「言葉」の「ねらい」に示されているように，「自分の気持ちを言葉で表現する楽しさ」は，言葉を受け止めてくれる他者がいるからこそ味わうことができることが，この事例から読み取ることができる。また，日常生活に必要な言葉が分かり，やりとりをするだけではなく，絵本や物語などに親しみ，絵本や物語の世界で他者と心を通わせる経験も重要である。保育者は子どもが多様な言葉の経験ができるよう配慮をしていくことが重要である。

（5）保育内容「表現」

　感じたことや考えたことを自分なりに表現することを通して，豊かな感性や表現する力を養い，創造性を豊かにする。

⑴　いろいろなものの美しさなどに対する豊かな感性をもつ。

(2) 感じたことや考えたことを自分なりに表現して楽しむ。

(3) 生活の中でイメージを豊かにし，様々な表現を楽しむ。

内容

(1) 生活の中で様々な音，色，形，手触り，動きなどに気付いたり，感じたりするなどして楽しむ。

(2) 生活の中で美しいものや心を動かす出来事に触れ，イメージを豊かにする。

(3) 様々な出来事の中で，感動したことを伝え合う楽しさを味わう。

(4) 感じたこと，考えたことなどを音や動きなどで表現したり，自由にかいたり，つくったりなどする。

(5) いろいろな素材に親しみ，工夫して遊ぶ。

(6) 音楽に親しみ，歌を歌ったり，簡単なリズム楽器を使ったりなどする楽しさを味わう。

(7) かいたり，つくったりすることを楽しみ，遊びに使ったり，飾ったりなどする。

(8) 自分のイメージを動きや言葉などで表現したり，演じて遊んだりするなどの楽しさを味わう。

　以上のような「ねらい」を達成するために，どのような「内容」が行われているのか，以下の保育実践事例から確認してみよう。

○領域「表現」を中心とした保育事例——カタツムリの動きに触発されて

　C園では子どもたちの感性が豊かに育っていくことを願い，生活の中でさまざまな美を感じることのできる機会を大切にしている。3歳児クラスでは梅雨の時期に窓を開けて雨の音を聴き，みなでピアノの曲に合わせて雨になったつもりで身体を動かしダンスをした。また，梅雨の別の日には，長靴を履き傘をさして園庭を歩き，さまざまな物を発見して楽しんだ。水たまりに雨が落ちたときの波紋，雨宿りのできる場所，グラウンドにできた川とその流れ方など，子どもたちは晴天時とは異なるさまざまなものに心を動かしたが，子どもたちが最も関心を示したのは雨の中でゆっくりと滑るように動くカタツムリであっ

た。翌日，担任保育者のキョウコ先生は，朝から絵具，筆，クレヨン，画用紙等の描画素材を用意しておいた。朝の身支度を終えたダイキくんは，「何を描こうかな」と考えていたが，大きな丸をクレヨンで描いた後，画用紙いっぱいに絵具の筆を動かし始めた。ダイキくんの絵は昨日みなで心を動かして見つめた，雨の中のカタツムリのようにキョウコ先生には見えた。ダイキくんが描き上げた後に絵を鑑賞しつつダイキくんとおしゃべりしてみよう——わくわくするキョウコ先生であった。

図6-5　カタツムリとの出会いから

　園生活の中には，自然物や人工物の多様な美がある。だが，生活の中の美は，ゆったりとした時間がないと大人も子どもも見逃してしまうこともある。色，音，形，手触り，動き等，様々な感覚を通して日常生活の中にある美に気づき，保育者と子どもたちで美を共感しあい，さらに，美を自分たちが作り出す活動を作っていくことが保育においては重要である。

　1〜5項で確認してきたように，「保育内容」は園生活の中で総合的に展開されていく。活動から子どもたちが何を学ぶことができたのか，保育実践後に省察を行い，次の活動や園生活につなげ，深めていくことが重要である。

引用・参考文献
丹伊田弓子（2015）「教科」『保育用語辞典　第8版』ミネルヴァ書房，374頁.

【写真提供】学校法人松濤学園原町幼稚園

第7章
保育の方法

　この章では保育方法の重要性について学ぶ。園は子どもたちが初めて出会う社会である。園では未来に向かう人をどのような方法で育めばよいのか，乳幼児期の特性を学び，考える必要がある。また，子どもたちと時間を共にする保育者にとっても保育方法は大切なことであろう。子どもたちとの生活の中でつねにその方法を考え続けるのが保育者の仕事の重要な柱となる。

　モンテッソーリ教育やレッジョ・エミリア教育のような有名な名前がついている保育・教育方法もあるが，それぞれの園で創意工夫し，試行錯誤して，実践している多様な保育方法がある。その方法を選ぶ理由はなにか。保育方法の種類や実践の事例から学んでいく。

第1節　保育方法とは何か

　保育という営みを形作るものは何か。保育の内容，カリキュラム，保育者などが頭に浮かぶ人もいるだろう。子どもに伝える内容を吟味したり，伝える順番を考えたり，それをどんな保育者が行うかによって，保育が形になっていくという想像ができるだろう。その中で，保育方法は，保育内容を「どのように」子どもたちに伝えるか（伝わるか）という方法論であるといえる。保育内容，保育課程，保育者論に大きく関わりながら，子どもたちに伝わるものの伝わり方を大きく左右する。ここでは，保育中に起こるいろいろな出来事に対処できるノウハウを超えた考え方について触れたい。

（1）保育方法の概念

　保育方法は一体何を示すのかを考えてみよう。たとえば，知っている園について，「どのように」保育しているかを説明するとき，あなたは何について挙げるだろうか。保育方法と言ったとき，園全体の保育理念のようなものから保育者の保育技術まで，広いものから狭いものまで多様な概念が含まれている。以下に，園全体と各保育室に見られる保育方法の概念またはその要素の例を挙げる。

　保育方法の概念（要素）の例
　【園全体】
　　　子ども観
　　　保育環境
　　　保育形態
　　　保育室・園庭（レイアウト・造作）
　　　保育者・保育者集団の役割
　　　子ども集団の規模
　　　子ども集団の編成
　　　保育時間の編成（長期・短期）
　　　教具・教材・玩具の種類
　　　保護者や地域との関わり
　【保育室の中で】
　　　保育者と子どもの力関係（ヒエラルキー）
　　　保育者と子どもの裁量のバランス（遊びを選ぶのはどちらか）
　　　保育者のあり方（言葉，声色，声の大きさ，表情，服装，呼称等）
　　　子どもと保育者コミュニケーションの形，距離の取り方
　　　丁寧な敬語か家庭で使うようなざっくばらんな言葉か
　　　集団に対しての言葉か個人に対しての言葉か
　　　評価の言葉の有無や使い方
　　　集団活動か個別活動か

時間配分

保育室やコーナーのレイアウト

玩具や教具の置き場所

チームとしての保育者，保育者同士のコミュニケーション

（2）乳幼児期の特性と保育方法の選択

　子どもは，自ら環境に働きかけ，環境との相互作用により発達していく主体的存在である。乳幼児期の発達の特性に関連して保育所保育指針解説書には次のような記述がある。「乳幼児期は，生活の中で興味や欲求に基づいて自ら周囲の環境に関わるという直接的な体験を通して，心身が大きく育っていく時期である。子どもは，身近な人やものなどあらゆる環境からの刺激を受け，経験の中で様々なことを感じたり，新たな気付きを得たりする。そして，充実感や満足感を味わうことで，好奇心や自分から関わろうとする意欲をもってより主体的に環境と関わるようになる。こうした日々の経験の積み重ねによって健全な心身が育まれていく」（保育所保育指針，2018）また，「発達過程」という語について次のように解説している。「ある時点で何かが『できる，できない』といったことで発達を見ようとする画一的な捉え方ではなく，それぞれの子どもの育ちゆく過程の全体を大切にしようとする考え方である」（保育所保育指針，2018）。

　保育では生活の中での経験を通して学習することが多い。すなわち経験カリキュラム[*1]に近いものが多いと言える。一方，就学以降に子ども達が受けるのは学習内容が教科に分類されている教科カリキュラム[*2]による教育である。教科ごとに時間が区切られ，教師と児童の教える側，教えられる側という立場も見て明らかであり，学習の到達度の目標も明確にされる。保育園や幼稚園にも就学

＊1　経験カリキュラム：子どもの生活の中から生じた興味，関心を起点として問題解決活動を通して学習するカリキュラム。アメリカのデューイらによって提唱された問題解決学習の思想。経験的アプローチともいう。

＊2　教科カリキュラム：その社会で教育内容として選択されたものを国語や算数といった教科に編成して系統的に教えるカリキュラム。学習の進度が明確である。教師主導のカリキュラムである。

へ向けて教科カリキュラムのような形に早めに慣らすことを求める声が保護者
等から聞かれることがあるが，乳幼児期の発達の特性を学び，理解し，その時
期に適した保育方法を選ぶようにしたい。保育の目標を短期的な就学準備とす
るか，一生を通した自立・自律の礎の形成という長期的目標とするかという保
育観によっても左右される点であろう。

第2節　どのような保育方法があるかを知る

　次に保育方法の分類の例を見ていきたい。いくつかの対立する概念があり，
これらの保育方法の対立軸は，長く保育に関わる人に議論されてきた。これら
は現在も保育の検討の際によく聞かれるテーマとなっている。それぞれに長所
と短所があり，決して二者択一で決まるものではない。保育の現場においても
100対0で見られるものではなく，多くの園でバランスを図りながら取り入れ
られ，実践されているものである。これら保育方法の取捨選択は園や保育者の
子ども観，保育観（教育観），発達観に応じて行われている。集団保育の歴史の
中で，保育に込められる願いも変化してきた。あるべき保育方法も変化を続け
ているといえよう。

　保育を学ぶ人にとって，保育方法の枠組みを知ることは大切である。それぞ
れの特色を学び，保育の目的や対象である子どもの姿，自分自身のなりたい保
育者像などと照らして，自身の保育方法を考えていくことが望まれる。以下に
挙げる保育方法を比較して，あなたはどちらの保育方法に魅力を感じるだろう
か。そのようなことを考えながら，ときには周りの人と議論しながら，読み進
めてほしい。

（1）一斉保育か自由保育か——保育の形態

　実習などで保育実践の場のいくつかに訪れると，クラス全体で一斉に保育活
動が進められている園と子どもが活動を選択して自由に過ごしている園がある
ことに気づくかもしれない。

　一斉保育とは保育者の指示の下，子どもたちが集団で同じ活動をする保育を

指す。保育者主体の保育とも言える。教えるべき内容を保育者が管理して教える保育である。保育者が新しい遊びを子ども達に提示するなど保育者から子ども達へ伝達される内容が中心になる。内容を系統だて，順序性があるものにしやすい。また，活動が予測可能な範囲に限られることが多く，安全を確保しやすい。設定保育という言葉もほぼ同じ内容を指している。一斉保育では，クラス単位など大人数の集団に対して保育者から同じテーマや課題が与えられる。描画や製作活動の場合，使う素材も配られ，同じ進度で時間内に完成することが求められるようなこともある。同じ活動をすることから，子によっての経験の偏りは少なくなる。準備が比較的簡便で保育者にとっての利便性がある。それぞれの子どもの進度が見え，到達度を把握しやすく，クラス集団の中で相対評価を行いやすい。たとえば，どれだけの子がはさみを上手に持てるのか，まだ上手にできないのは誰なのかなどを把握しやすい。大人数の子どもの保育が少数の担任に任される保育現場では取り入れられやすい方法である。保育者は集団全体に対して，興味を惹くような活動を準備することになる。しかし，一方的に提示されたその活動に，子どもの集団全員がそろって興味を持つことは難しい。子どもによって興味，関心，発達も異なり，必要な時間も異なる。その日，その子がしたいと思っていた遊びは違う遊びかもしれない。早くできた子はいつも待たされ，遅い子は早くするよういつも促されるようなことがないよう，各自のペースが守られるような配慮が必要である。

　一斉保育は，保育者が子ども集団に対して効率的に安全に指示を出すが，大きな声で命令口調とは限らない。魅力的なピアノの曲に乗せて誘導したり，手遊びによって静かにさせたりする。子どもたちは楽しそうにしている。しかしこのようなときでも，子どもが受動的な存在になっているのではないかと保育者は振り返る必要があるのではないだろうか。

　一方，自由保育とは，子どもが好きな活動を自分で選んで行う保育である。遊びや遊ぶ場所，遊ぶ仲間，時間を子どもが選べるようになっている。環境にもよるが，屋内に限らず屋外も含めて子どもが過ごしたい場所で過ごしている園もある。子どもの意志で有機的に遊びが生まれ，仲間を呼び，子ども同士の関わりを中心に活動がつながっていく。保育者が統率することはなく，見守り，

求めに応じてときに助言を与えたりする。年齢や性別，クラス等の集団名にとらわれないので子ども同士の関係は個人と個人の手さぐりでのコミュニケーションから始まる。自由保育では，子どもの個性が発揮され，困難なことに出会ったとき，自身の経験をもとに対処できる力が育まれることが期待される。

　懸念されるのは子どもの興味のみに任せていると，学ぶべき内容を学ぶ機会が持てないのではないかというものである。子ども中心の保育というのを誤解し，保育者がただ見ているだけとなってしまっては，子どもの遊びや学びの発展を見過ごすことになってしまうだろう。子どもが「自由に遊んでよい」と言われても，面白いと思えることがなければ，遊びは生まれない。子ども自身が夢中になって，遊び込める何かを自ら発見できるように，発達に応じて遊びを通して学ぶことができるように，保育者が豊かな材料やヒントを環境に準備しておくことが必要である。

　また，子ども同士の関わりあいから自然に伝わるものも多いが，文化の伝承や先人の知恵が大人から伝えられることも大切である。自由保育の優れた実践園では，全て子どもに任せるというより，保育者も対等な関わりを持ち，協同する形がとられている。

（2）集団保育か個別保育か――活動の単位

　集団保育は，クラス単位などの集団で活動に取り組む保育の形を指す。一方，個別保育は，子ども一人ひとりの興味や発達に応じて活動が計画，実践される形である。集団保育は一斉保育と同義で語られることが多いが，ここでは集団か個かという子ども集団の大きさの違いによる保育方法の比較として触れておきたい。

　保育園や幼稚園は子どもたちが友達とともに集団で過ごす場であるという意義が大きい。家族以外の存在に触れ，子どもの世界は大きく拡がる。みんなで声を合わせて歌を歌ったり，鬼ごっこなどの集団遊びをしたり，朝の会やサークルタイムで友達に自分の話をしたりして，集団の楽しさを味わうだろう。集団で過ごす中で他人の考えに気づき，一緒に過ごすことで得られる喜びを知る。また，友達とのトラブルを通して，社会の中での折り合いの付け方を学ぶ。そ

れが子どもにとっての集団生活の意義であるといえる。

　集団保育において保育士には注意する点がある。子ども一人ひとりへの視点を忘れないことだ。常に子どもが集団に合わせるよう強いることがないようにしたい。集団生活だからという理由で規律の伝達ばかりが先に立ち，子どもにとって遊ぶ楽しさが感じられないようなことにならないようにしたい。

　個別保育は，子どもの興味や発達に応じて取り組む内容が一人ひとり異なる保育の形である。特に乳児期においては発達の個人差が大きいため，個別への視点が不可欠であり個別保育に近い形がとられることが多い。

　例えば，モンテッソーリ教育は個別保育のひとつの例である。モンテッソーリ教育では教具等を用いた「お仕事」と呼ばれる活動が体系的，段階的に進められるが，その進め方は個々の子どもの自己選択によって決まり，集団全体の同一のカリキュラムによらない。これは，子どもが学びたいと思ったときに最も集中して能力が伸びると考えられているためである。

第3節　保育方法の実践

　実際の保育現場で行われている実践や工夫を知ることは保育方法の学びの糧となる。ぜひ，見学や実習の機会を得て，保育方法のバリエーションに触れてほしい。

　子どもが主体的に自分の活動を選択できるようデザインされている保育方法の例をふたつ紹介する。

(1) プロジェクト型の保育

　4～5人程度の小集団で，共通のテーマについて探究していく経験的アプローチである。期間は数週間から数か月間の長期にわたり，じっくりと取り組むものとなる。テーマは，子どもたちの身近にある事柄などから子どもたち自らの興味，関心に沿って生まれる形となる。完成や完遂より，そのプロセスが重視される。活動は問いを立て，仮説を検証しながら，問題解決へと向かっていくアプローチをとる。子ども同士または子どもと保育者が対話をしながら，

協同することにより進んでいく。あらかじめその方向性が決められたものではなく活動は柔軟に進められる。これらの活動を通して，子どもたちにはその内容について学ぶこととともに，問題解決能力・学習への意欲・主体的な態度の獲得，他者との協同による社会的発達等が期待される。

　ある保育園では，廃材のプラスチックの容器から見立ての「お寿司屋さんごっこ」が始まり，夢中になった子どもたちがいた。本物のお寿司屋さんの看板を見たいという話になり，保育者とともに街へ出て，実際にお寿司屋さんを見てきたという。子どもたちの興味はお店や街へと拡がっていき，半年間にも及ぶ「お寿司屋さん」のプロジェクトが見られたのである。保育者たちは毎日子どもたちの言葉を聞き，保育者同士で話し合い，保護者とも連携しながら，環境を準備することで子どもたちの興味を深め，その活動の中に楽しさや発見があるように支援していた。

　プロジェクト型の保育は，デューイ（Dewey, J.）の影響を受けたキルパトリック（Kilpatrick, W. H.）のプロジェクト・アプローチの教育理論を基礎として，世界各地および日本においても様々な実践の試みが展開されている。現在，世界中から注目されているイタリアのレッジョ・エミリアの保育は　プロジェクト型の保育の代表例といえる。

（2）異年齢保育

　同年齢集団で編成されたクラスを単位として保育を行う同年齢保育に対して，年齢の壁を超えて子ども同士が交流するような保育を異年齢保育という。兄弟の数が少なくなっている昨今では，年上や年下との交流は集団生活の醍醐味となる。年上の子どもは自分より幼い子どもと接するときに思いやりの気持ちを持ち，年下の子どもは年上の子どもに憧れの気持ちを抱くだろう。また，年齢という枠を外した子ども同士の触れ合いは，保育者からの伝達より自然に発達を促す場合があることも期待できる。

　異年齢保育の形態には以下のような例がある。近年，実践する園が増えている③については事例を挙げて紹介する。

① 異年齢で構成された縦割りのグループ単位で生活や活動を共にする形。
縦割保育という。

② 基本的に同年齢集団のクラス活動を中心に活動しながら，計画的に他の
年齢とクラス単位等で交流の機会を図る形。お祭り，お店屋さんごっこ等
に招いたり招かれたりしたり，合同でお誕生日会を行うなど，行事が利用
されることも多い。当番で年上の子どもが年下の子どもを手伝うなどの活
動もある。

③ 園内の好きな所で誰と遊んでもよいというような保育の形態の中で，異
年齢の子どもたちが自然な形で混ざり合い，一緒に遊んでいる。または，
基本的に同年齢クラスで過ごすが，自由遊びの時間にそのような形になっ
ている。誰と何をして遊ぶかが子どもに任されていて主体的な活動になる。
　保育者は同時に起こるそれぞれの遊びの場所で，担任以外の子ども達の
遊びも見守る形になる。この貴重な時間を，細切れの行き当たりばったり
の時間とならないように，一人ひとりの子どもにとって連続的に発展する
遊びとなるよう援助したい。子どもたちのそばにいて，どこで誰がどんな
様子でどんな遊びに熱中しているのかを知ることが大切である。保育者が
年齢を手がかりにして準備した遊びより，年上の子たちがやっている難し
そうで面白そうな遊びに加わりたいと子ども達は思っているかもしれない。
または，いつも同年齢のクラス集団の中で幼い役割に固定されている子も，
別の面を発揮したいと思っているかもしれない。年齢の壁を取り払うこと
で子ども達は遊びや活動の選択ができるようになる。異年齢保育では子ど
もが主体的に自分の居場所や活動へ参画することが可能になると考えられ
る。
　事例１，事例２は保育者が観察して記録を残していた場面である。異年
齢保育の魅力が詰まっているといえるのではないだろうか。

【事例１】「つみきのつづき」
　Ｈ園の積み木コーナーには「つづきカード」という子どもたちのルールが
ある。遊びが途切れないようにする工夫だ。
　５歳児数人が２日間かけて作った大きな積み木のお城はもうすぐ完成。4

歳児も「もうできたの〜？」と眺めている。5歳児が用事でその場を少し離れたそのときに，2歳児たちがやってきて……。壊すことが遊びになってしまい，結局全部壊れてしまった。崩れたお城を見て，4歳児が「どんなきもちになるとおもうの？」と5歳の気持ちを代弁しようとする。他の子は「このカードは『こわさないでね』のいみなんだよ」と優しく2歳児に説明している。2歳児はきょとんとしている。そこへ5歳児たちが戻ってきて，「もう，『つづきカード』おぼえてよ〜」「かなしい」と肩を落とす。しばらくすると，気を取り直して，新たに「ドミノ倒し」が始まった。

【事例2】「おてつだい」

　4歳児のA君は3月生まれ。同年齢クラスの中でみんなに可愛がられる弟役のような子だ。きびきびと先に進みたい子たちに比べるとゆっくりマイペースで，待たせる側になっていることが多い。そんなA君は2歳児のお部屋に行ってお手伝いをするのが大好き。今日は，給食のお当番さんにエプロンの場所を教えてあげて，着けるのを優しく手伝っていた。頭に帽子もかぶせてあげて，最後に自分も，きりりと帽子をつけていた。

引用・参考文献

磯部裕子（2003）『教育課程の理論——保育におけるカリキュラム・デザイン』萌文書林.

リリアン・カッツ／シルビア・チャード，小田豊監修（2004）『子どもの心といきいきとかかわりあう——プロジェクト・アプローチ』光生館.

厚生労働省（2018）『保育所保育指針解説平成30年3月』フレーベル館，14-15頁.

森上史朗（1984）『児童中心主義の保育』教育出版.

小田豊・青井倫子編著（2009）『保育の内容・方法を知る　幼児教育の方法』北大路書房.

萩原元昭・高橋恵子（1990）『幼児教育』放送大学教育振興会.

萩原元昭（2008）「子どもが自らの生活に参画することの可能性を探る」『保育学研究』46巻1号.

汐見稔幸・無藤隆・大豆生田啓友編著（2019）『アクティベート保育学①　保育原理』ミネルヴァ書房.

角尾和子編著（2008）『プロジェクト型保育の実践研究——協同的学びを実現するために』北大路書房.

第8章

保育の計画

　この章では，保育における子どもの理解に基づく保育の過程（計画・実践・記録・省察・評価・改善）とその循環について学ぶ。具体的には，保育の内容の充実と質の向上に資する保育の計画及び評価，全体的な計画と指導計画の作成について，その意義と方法，子どもの理解に基づく保育の過程について，その全体構造を捉え，理解する。さらに，各園の実情に合わせてカリキュラム・マネジメントを行うことの意義を理解する。

第1節　保育の計画と評価の基本

（1）カリキュラムの始まりと発展

　保育の計画のことを「カリキュラム」と言う。英語のカリキュラム「curriculum」の語源は，ラテン語の「走る」という意味のクレーレ「currere」である。それが「走る道，コース」を意味するようになり，16世紀頃には学校教育に使用されるようになったと言われている。日本では「教育課程」と訳されることが多い。教育目標に基づいた範囲「scope」の順序「sequence」を意味し，教師が決めた教育内容を順序どおりに子どもが外れることなく学ぶといった教師中心の考え方が主流であった。

　しかし，児童中心主義の考え方が19世紀後半から20世紀にかけて広まり，デューイ*1が開発したのが，子どもの興味・関心，生活や経験を重視する「経験

＊1　ジョン・デューイ（John Dewey, 1859-1952）：アメリカの新教育運動（進歩主義教育）のリーダー格としてシカゴ大学に付属の実験学校を設けた。「なすことによって学ぶ（Learning by Doing）」と考え，子どもが興味，関心や疑問をもち，試行錯誤しながら学んでいく「問題解決型学習」を提唱した。

主義カリキュラム」である。

　日本の幼児教育におけるカリキュラムは，明治時代の東京女子師範学校附属幼稚園における「フレーベル主義[*2]」のカリキュラムから始まった。さらに，形骸化したフレーベル主義への批判を乗り越える形で，倉橋惣三[*3]の生活や遊びを重視した考えが広がるとともに，アメリカの経験主義カリキュラムの影響を受けていった。

　その後，1956年版幼稚園教育要領において保育の内容を「健康」「社会」「自然」「言語」「音楽リズム」「絵画制作」の 6 領域に分類し，領域区分ごとに幼児の発達上の特質及び予想される望ましい経験を示したため，小学校の教科別・系統的な計画に近い領域ごとの活動の計画が作成される傾向があった。

　1989年版幼稚園教育要領では，子ども中心のカリキュラムとして遊びを通しての総合的な保育が重視され，子どもの発達を捉える側面から保育内容 5 領域「健康」「人間関係」「環境」「言葉」「表現」が位置づいた。

　しかし，一部で自由と放任を混同したような保育が見られたこともあり，1998年版幼稚園教育要領で「計画的な環境構成」や「保育者の様々な役割」が強調された。また，2008年には，保育所保育指針が告示となり，保育所にも幼稚園の「教育課程」と同様の「保育課程」の編成が求められ，保育における計画の重要性が明確に位置付けられた。小学校との連携，接続が強調されるとともに，子育てに関する保護者支援がより一層求められるようになった。

　2017年版保育所保育指針・幼稚園教育要領・幼保連携型認定こども園教育・保育要領では，保育所，幼稚園，幼保連携型認定こども園全てが包括的な計画である「全体的な計画」の作成が求められ，幼児教育を行う施設として保育内容の整合性が図られた。その中で，幼児期から18歳までの長期的な視野で「育みたい資質・能力」，小学校就学時の具体的な姿であり，保育を行う際に考慮

---

*2　フレーベル主義：フレーベルの考案した恩物の取り扱い方を時間割に沿って学ぶことを中心とする。しかし，知識教育に偏る画一化した教育は，後に批判を受けることとなる。フレーベルが本来主張する子どもの遊びを重視する考えを理解することが重要である。

*3　倉橋惣三（1882-1955）：東京女子師範学校附属幼稚園の主事として，形骸化したフレーベル主義を批判し，子どものありのままの生活をもとに保育者が環境を整え子どもが自発的に活動していく「誘導保育」を提唱した。

する「幼児期の終わりまでに育ってほしい姿」が示された。

　子ども中心のカリキュラムの考えを基にしつつ，乳幼児期から児童期・青年期までの育ちや学びといった縦のつながりと，施設種別を問わず幼児期に必要な教育が行われる横のつながり，園と家庭，地域との連携という斜めのつながりが保育の計画に明確に位置づけられてきていると言えよう。

（2）保育における計画と評価の意義

　幼稚園教育要領には「幼児の自発的な活動としての遊びは，心身の調和のとれた発達の基礎を培う重要な学習であることを考慮して，遊びを通しての指導を中心として第2章に示すねらいが総合的に達成されるようにすること」（第1章総則第1幼稚園教育の基本　2）とある。本来，「遊び」は子ども自身が楽しいから行うものであり，自己目的的なものである。では，保育者は何もせず，子どもの自由に任せておけば子どもは育ち，学びにつながるのであろうか。

　たとえば，遊びの素材や道具も何もない部屋で，遊び方のモデルやヒントが何も得られなかったら，豊かな遊びの展開がなされないことは容易に想像できるであろう。これでは放任保育となる。逆に，保育者の思いどおりに教え込むような保育者主導の保育では，子どもが受け身になり主体性が育たない。

　子どもが自ら遊びを展開していくためには，子どもが心を動かすような魅力的な環境，子どもの発達・学びを促すような教材とのかかわりが重要となる。幼稚園教育要領に「幼児期の特性を踏まえ，環境を通して行うものであることを基本とする」（第1章総則第1幼稚園教育の基本）と書かれている通りである。

　一人ひとりの子どもが何を感じているのか心の動きを受け止め，発達や学びを支えるために育っていること，育とうとしていることをつかんで，子どもの思いが実現するための援助や環境の構成を適切に行っていくためには，子ども理解（評価）に基づいた計画が必要不可欠であると言えよう。

（3）子どもの理解に基づく保育の過程の循環による保育の質の向上

　保育所保育指針には「カリキュラム」の記載はない。しかし，保育所も幼児教育を行う施設と明確に位置付けられていることから，保育所，幼稚園，認定

こども園という施設種別にとらわれず，カリキュラム・マネジメントが求められると考えられる。

　幼保連携型認定こども園教育・保育要領では，「カリキュラム・マネジメント」の定義を以下のように示している（第1章総則第2　1（1））。

　「各幼保連携型認定こども園においては，「幼児期の終わりまでに育ってほしい姿」を踏まえ教育及び保育の内容並びに子育ての支援等に関する全体的な計画を作成すること，その実施状況を評価して改善を図っていくこと，また実施に必要な人的又は物的な体制を確保するとともにその改善を図っていくことなどを通して，教育及び保育の内容並びに子育ての支援等に関する全体的な計画に基づき組織的かつ計画的に各幼保連携型認定こども園の教育及び保育活動の質の向上を図っていくこと（以下「カリキュラム・マネジメント」という。）に努めるものとする」

　生涯発達といった長期的な見通しの中で，幼児期の終わりまでに育ってほしい姿を念頭にして保育することが重要である。その際，小学校以降のように時間割や教科ごとで計画するのではなく，5領域のねらいが相互に関連した調和のとれた発達をめざし，総合的な視点で行うこと，すなわち遊びを通した総合的な保育がなされる計画が求められる。

　また，計画・実践して終わりではなく，記録・省察・評価・改善が次の計画・実践に生かされていく保育の循環的な過程，PDCA サイクルが重要となる。PDCA サイクルとは，Plan（計画）→Do（実践）→Check（評価）→Action（改善）→次の Plan（計画）へといったサイクルが保育の質向上につながっていくことである

　元々工場の品質管理の考え方であったが，保育の過程の循環に位置づくこと

図8-1　PDCA サイクルによる保育の質向上

出所：筆者作成。

で見通しをもった保育へとつながる。しかし，すべての過程で子どもの理解に基づくことを忘れてはいけない。さもなければ，子どもを計画どおりに動かし，保育を成功・失敗という結果で論じかねないことに注意が必要である。

さらに，園にある資源だけではなく，人的・物的資源等，家庭・地域の外部資源を活用，効果的に組み合わせることについても言及している。地域に開かれた園づくりの視点からも欠かせない視点である。

カリキュラムを園生活の枠組だけで捉えるのではなく，包括的に捉え，家庭や地域社会との関係性も視野に，マネジメントしていく力が保育者には求められると言える。

第2節　保育の計画

（1）保育の目標と計画の基本的考え方

保育所保育指針では「保育所は，1の(2)に示した保育の目標を達成するために，各保育所の保育の方針や目標に基づき，子どもの発達過程を踏まえて，保育の内容が組織的・計画的に構成され，保育所の生活の全体を通して，総合的に展開されるよう，全体的な計画を作成しなければならない」（第1章総則3保育の計画及び評価（1）全体的な計画の作成ア）としている。

保育の目標を達成するためには，子どもの発達過程を見通しながら，子ども一人ひとりに必要な経験が積み重ねられるように丁寧な計画が必要なのである。

（2）全体的な計画と指導計画の関係性

各園の全体像を包括的に示す全体的な計画と各年齢・クラスの具体的な指導計画，その他の計画との関係性は図8-2のとおりである。

保育所保育指針解説において，「全体的な計画に基づき，その時々の実際の子どもの発達や生活の状況に応じた具体的な指導計画やその他の計画を作成していく。すなわち，全体的な計画は，子どもの最善の利益の保障を第一義とする保育所保育の根幹を示すものであり，指導計画やその他の計画の上位に位置付けられる」（第1章総則3保育の計画及び評価（1）全体的な計画の作成ア）とある。

保育所	幼保連携型認定こども園	幼稚園
全体的な計画		
	教育課程	
長期の指導計画（年，期（学期），月）		
短期の指導計画（週，日）		
	満3歳以上，満3歳未満の保育を必要とする子どもに該当する園児の保育のための計画	教育課程に係る教育時間の終了後等に行う教育活動の計画
保健計画	学校保健計画	
	学校安全計画	
食育計画等		
	子育ての支援等の内容の計画	

暦上の区切りがもとの年間指導計画，月の指導計画（月案）と，子どもの発達の節目で1期，2期等に分けた期（学期）の指導計画がある。

週と日の指導計画を合わせた週日案もある。また，一日の生活の流れをデイリー・プログラム（日課）として作成している園もある。

図8-2　全体的な計画と指導計画の関係性

出所：筆者作成。

　全体的な計画に基づいて，指導計画，その他の計画は作成される。保育者は担任クラスや担当する子どもの具体的な姿を丁寧に捉えるとともに，全体的な計画を基に子どもが入園したときから修了するまでの長期的な見通しを念頭に置きつつ，指導計画を作成することが大切である。

（3）全体的な計画の作成

　全体的な計画の作成について，幼保連携型認定こども園教育・保育要領解説に，「園長のリーダーシップの下で保育教諭等が，それぞれの幼保連携型認定こども園で目指す園児像や修了までに育てたいことなどについて十分に話し合い，それらを共有することが必要である」（第1章第2節1（1）①ア）とある。管理職など一部の職員だけで作成するのではなく，全職員が全体的な計画の作成に参画し，共通理解と協力体制の下，創意工夫して作成することが求められると言えよう。

以下，全体的な計画の具体的な作成の手順について参考例と具体例を示す。

具体的な作成の手順について（参考例）
　㋐　作成に必要な基礎的事項についての理解を図る。
・　関係法令，教育・保育要領，教育・保育要領解説等の内容について共通理解を図る。
・　自我の発達の基礎が形成される乳幼児期の発達，乳幼児期から児童期への発達についての共通理解を図る。
・　幼保連携型認定こども園や地域の実態，園児の発達の実情などを把握する。
・　社会の要請や保護者の願いなどを把握する。
　㋑　各幼保連携型認定こども園における教育及び保育並びに子育ての支援等の目標に関する共通理解を図る。
・　現在の教育及び保育並びに子育ての支援等が果たさなければならない課題や期待する園児像などを明確にして教育及び保育並びに子育ての支援等の目標についての理解を深める。
　㋒　園児の発達の過程を見通す。
・　園生活の全体を通して，園児がどのような発達をするのか，どの時期にどのような生活が展開されるのかなどの発達の節目を探り，長期的に発達を見通す。
・　園児の発達の過程に応じて教育及び保育の目標がどのように達成されていくかについて，おおよそ予測する。
　㋓　具体的なねらいと内容を組織する。
・　園児の発達の各時期にふさわしい生活が展開されるように適切なねらいと内容を設定する。その際，園児の生活経験や発達の過程等を考慮して，園生活全体を通して，幼保連携型認定こども園教育・保育要領第2章の第1から第3に示す事項が総合的に指導され，達成されるようにする。
　㋔　「全体的な計画」を実施した結果を評価し，次の作成に生かす。
・　「全体的な計画」の改善の方法は，幼保連携型認定こども園の創意工夫によって具体的には異なるであろうが，一般的には次のような手順が考えられる。
　　　1．評価の資料を収集し，検討すること
　　　2．整理した問題点を検討し，原因と背景を明らかにすること
　　　3．改善案をつくり，実施すること

図8-3　全体的な計画の作成の流れ

出所：幼保連携型認定こども園教育・保育要領解説第1章第2節1（3）①エ

（4）指導計画の作成

　保育所保育指針では，「子どもの生活や発達を見通した長期的な指導計画と，それに関連しながら，より具体的な子どもの日々の生活に即した短期的な指導計画を作成」（第1章総則3（2）指導計画の作成ア）するとなっている。

　また，「子ども一人一人の発達過程や状況を十分に踏まえ」（第1章総則3（2）指導計画の作成イ），3歳未満児は「一人一人の子どもの生育歴，心身の発達，活動の実態等に即して，個別的な計画を作成」（第1章総則3（2）指導計

画の作成イ（ア）），3歳以上児は「個の成長と，子ども相互の関係や協同的な活動が促されるよう配慮」（第1章総則3（2）指導計画の作成イ（イ）），異年齢で構成される組やグループでは「一人一人の子どもの生活や経験，発達過程などを把握し，適切な援助や環境構成ができるよう配慮」（第1章総則3（2）指導計画の作成イ（ウ））するとしている。

　そして，「生活の連続性，季節の変化などを考慮し，子どもの実態に即した具体的なねらい及び内容を設定」（第1章総則3（2）指導計画の作成イ（ウ））し，「具体的なねらいが達成されるよう，子どもの生活する姿や発想を大切にして適切な環境を構成し，子どもが主体的に活動できるようにする」（第1章総則3（2）指導計画の作成ウ）としている。

　さらに，「一日の生活のリズムや在園時間が異なる子どもが共に過ごすことを踏まえ，活動と休息，緊張感と解放感等の調和を図るよう配慮」（第1章総則3（2）指導計画の作成エ）し，午睡は「安全な睡眠環境を確保するとともに，在園時間が異なることや，睡眠時間は子どもの発達の状況や個人によって差があることから，一律とならないよう配慮」（第1章総則3（2）指導計画の作成オ）するとなっている。

　長時間にわたる保育は，「子どもの発達過程，生活のリズム及び心身の状態に十分配慮して，保育の内容や方法，職員の協力体制，家庭との連携などを指導計画に位置付ける」（第1章総則3（2）指導計画の作成カ）とある。

　障害のある子どもの保育は，「一人一人の子どもの発達過程や障害の状態を把握し，適切な環境の下で，障害のある子どもが他の子どもとの生活を通して共に成長できるよう，指導計画の中に位置付け」（第1章総則3（2）指導計画の作成キ），「子どもの状況に応じた保育を実施する観点から，家庭や関係機関と連携した支援のための計画を個別に作成」（第1章総則3（2）指導計画の作成キ）するとしている。

表 8-1　全体的な計画の具体例

幼保連携型認定こども園　金沢星稜大学附属星稜幼稚園　2022年度　教育及び保育の

事業の目的	小学校就学前の子どもに対する教育及び保育並びに保護者に対する子育て支援の総合的な提供を推進するための措置を講じ、もって地域において子どもが健やかに育成される環境の整備に資することを目的とする。

教育・保育目標	主体的なあそびを通して、自ら考える力を大切にし、非認知を育む。

重点的に取り組む

健康を守る	食育を推進する	人権を大
・自己を十分に発揮して伸び伸びと行動する機会を大切にし、充実感や満足感を得られるように努める。 ・自分の体を大切にし健康な生活になるような習慣や態度を育てる。	・食べることの楽しさを実感するなど、豊かな食の体験を積み重ね、食を営む力の基礎を育む。 ・食と命のかかわりなどを実感し、食に対する感謝の気持ちを育てる。	・自他の違いに気付き、互い存在だと感じる心を育てる。 ・平和や命の大切さについてする。

異年齢とのかかわりを大切にする	保護者とともに	地域とのかかわ
・互いに親しみを持つとともに、憧れや思いやりの気持ちを持ち、育ち合えるような保育を工夫する。	・子育てに関する情報交換の場や交流の機会を設けるとともに相談・支援を行うことで、子ども理解につなげ、子どもと保護者の育ちを支援する。	・文化や伝統などに触れて自みを感じ、豊かな生活体験を切にする。 ・地域とともに子育てに取り

ねらい及

		年齢	0歳児	1歳児	2歳児	3歳児
養護		生命の保持	・健康や安全に配慮し、一人一人の生活リズムを大切にしつつ、生理的欲求を十分満たす。	・生理的欲求を満たし、生活リズムが形成されるよう援助する。	・安全で快適な生活環境の中で、身の回りのことを自分でしようとする気持ちを育てる。	・健康で安全な生活に必要な習慣を身に付けられるよう、自らできることを支援する。
		情緒の安定	・保育教諭との応答的な触れ合いやかかわりの中で、安心して過ごせるように愛着関係を育んでいく。	・子どもの思いに共感し、触れ合い、語りかけることにより、安心して自分の気持ちを出すことができるようにする。	・様々な自己主張を受けとめ、一人一人の気持ちに共感し、自我の育ちを援助する。	・子どもの気持ちや考えを受けとめ、自我の形成とともに主体的な行動や探索意欲が高められるようにする。
保育		年齢	0歳児	1歳児	2歳児	3歳児
	教育	健康	・人や物に興味を示し、探索活動が活発になる。 ・保育教諭に身の回りを清潔にしてもらうことを心地よいと感じる。	・歩行が完成し、体を動かすことが、楽しいと感じる。 ・身の回りのことを保育教諭と一緒にしようとする気持ちが芽生える。	・基本的な動作ができるようになり、全身を使って遊ぶことを楽しむ。 ・保育教諭の見守りの中、身の回りのことを自分からしようとする。	・十分に体を動かしいろいろな遊具や用具を使った遊びを楽しむ。 ・生活の流れがわかり、自分で、できることは自分でしようとする。
		人間関係	・保育教諭との応答的なかかわりのもと、愛着関係が芽生え、要求する。 ・周囲の人に興味や関心を示しかかわろうとする。	・自分がしたいことやしてほしいことを伝える。 ・保育教諭や友だちの行動に興味を示し、自分もしようとする。	・生活や遊びのなかで順番・交代などがあることを知る。 ・保育教諭や友達と関わって遊ぶ楽しさを感じる。	・保育教諭の仲立ちのもと、友と思いを伝え合って遊ぶ。 ・友達との関わりを徐々に深めながら、簡単なルールを守って、遊ぼうとする。
		環境	・身近なものに興味や関心を示し、見たり、触れたりする。	・身近な自然に興味や関心を持ち、探索をして遊ぶ。 ・好きなおもちゃを見つけ、落ち着いた環境の中で遊びを楽しむ。	・身近な自然や事象に興味や関心を広げ、探索、模倣をして遊ぶ。 ・物の特性（水・砂・泥など）に興味を示し、触れたり遊んだり作ったりすることを楽しむ。	・生活の中で様々な自然や事象に触れ、興味や関心を持ち、親しみを持って自分からかかわろうとする。 ・身の周りの物の色、量、形などに関心を持ち、分けたり、集めたりする。
		言葉	・保育教諭の語りかけに泣き声や喃語、片言により声を出して応えようとする。 ・身振りや指さしなどで、思いを表そうとする。	・保育教諭との応答による心地よさや嬉しさを感じ、自分の思いを身振りや片言で伝えようとする。 ・絵本や歌遊びを楽しみながらいろいろな言葉に触れる。	・自分の思いや経験を話そうとしたり、遊びの中で簡単な言葉でのやり取りをしたりする。 ・絵本や言葉遊びを通して、繰り返しのある言葉や模倣を楽しむ。	・経験したことや感じたことを自分なりの言葉で保育教諭や友に伝えようとする。 ・絵本や物語を興味を持って聞く。
		表現	・生活の中で出会う様々なものを心で受け止め、感じたことを全身で表す。	・生活の中で様々なものから刺激を受け、心ゆくまでかかわることを楽しむ。 ・様々な体験を通して、感じたことを自分なりに表現する。	・様々な事象や出来事を通してイメージを広げたり、深めたりする。 ・興味のあることや経験したことを再現したり、真似たりする楽しさを味わう。	・自分でイメージを広げたり、見立てたりを楽しんだりして遊ぶ。見たり、感じたり、考えたりしたことを身振りや動作で表現する。

出所：幼保連携型認定こども園　金沢星稜大学附属星稜幼稚園提供。

120

内容に関する全体的な計画　　（編集作成：金沢星稜大学附属星稜幼稚園園長）

運営の方針	建学の精神「誠実にして社会に役立つ人間の育成」を基に，就学前の子どもに関する教育・保育等の総合的な提供の推進に関する法律（平成18年法律第77号。以下「認定こども園法」という。）及び子ども・子育て支援法（平成24年法律第65号），その他の関係法令並びに関係条例を遵守して運営する。

教育・保育の柱

切にする	共に育ち合う（インクルーシブ）	小学校への円滑な接続
に認め合い一人一人が大切を 知ることのできる保育を展開	・一人一人の個性を認め，共に過ごすことで，仲間として理解と認識を深め，社会性や豊かな人間性を身に付けるようにする。	・園児と児童の交流を通じて，小学校生活に安心感と期待感が感じられるよう学びの接続を図る。

りを大切にする	金沢星稜大学との連携	子育て支援
分たちの住む地域に一層親し得られるようなかかわりを大組む態勢の確立に努める。	・実習の受け入れ等保育者育成を積極的に推進する。 ・研究者と実践者との共同研究で質の向上を目指す。 ・総合学園としての強みをいかす。	・在宅児家庭の親子が参加できる場の提供で，子育て相談ができたり，子育ての楽しさを共有する。

び内容

4歳児	5歳児	ねらい	幼児教育で育みたい資質・能力
・健康で安全な生活に必要な習慣に関心を持ち，自らできることの喜びを感じられるよう支援する。	・健康で安全な生活に必要な習慣を身に付け，自ら進んで行動できるようにする。	①快適に生活できるようにする。 ②健康で安全に過ごせるようにする。 ③生理的欲求が，十分に満たされる。 ④健康増進が，積極的に図られるようにする。	・知識・技能の基礎 ・思考力・判断力・表現力等の基礎
・自己肯定感を育み他者を受容する気持ちを育てる。	・心身の調和と安定により，自信を持って行動できるようにする。	①安心感を持って過ごせるようにする。 ②自分の気持ちを安心して表すこと。 ③周囲から主体として受け止められ，主体として育ち自分を肯定する気持ちが育まれていくようにする。 ④心身の疲れが癒されるようにする。	・学びに向かう力，人間性等

4歳児	5歳児	ねらい	幼児期の終わりまでに育ってほしい姿
・全身を使いながら，様々な遊具や活動などに挑戦して遊ぶ。 ・健康，安全な生活に必要な習慣や態度に関心を持ち，身に付けようとする。	・運動遊びに意欲を持ち，目標を持って取り組む。 ・自分の体に関心を持ち，健康，安全生活に必要な習慣や態度を身に付け，自ら進んで行動する。	①明るく伸び伸びと行動し，充実感を味わう。 ②自分の体を十分に動かし，進んで運動しようとする。 ③健康，安全な生活に必要な習慣や態度を身に付ける。	健康な心と体
			自立心
・友達とイメージや目的を共有し，工夫したり，協力したりしながら遊ぶ。 ・思い通りにいかない不安や葛藤を経験する中で，自分の思いを伝えようとし，相手の思いに気付く。	・自分の思いを伝えたり，相手の思いに気付いたりしながら，協力して物事をやり遂げる大切さや充実感を味わう。 ・地域の人や近隣の友達など自分の生活に関係の深い人たちに親しみを持つ。	①幼保連携型認定こども園の生活を楽しみ，自分の力で行動することの充実感を味わう。 ②身近な人と親しみ，関わりを深め，愛情や信頼感を持つ。 ③社会生活における望ましい習慣や態度を身に付ける。	協同性
			道徳性・規範意識の芽生え
・様々な物事や自然に触れ，積極的に関わる中で生活や遊びに取り入れようとする。 ・体験を通して身の周りの物の色，数，量，形などに興味や関心を持ち，数えたり，比べたりする。	・様々な物事や自然に主体的にかかわり，試したり，発見したりしながら工夫して遊ぶ。 ・生活の中で物の性質や数量図形，文字，時間などに関心を持ってかかわる。	①身近な環境に親しみ，自然と触れ合う中で様々な事象に興味や関心を持つ。 ②身近な環境に自分からかかわり，発見を楽しんだり，考えたりして，それを生活に取り入れようとする。 ③身近な事象を見たり，考えたり，扱ったりする中で，物の性質や数量，文字などに対する感覚を豊かにする。	社会生活とのかかわり
			思考力の芽生え
・自分の思いを伝えたり，相手の話を聞いたりして会話を楽しむ。 ・絵本や物語，なぞなぞなどの言葉遊びを楽しみ，イメージを広げる。	・共通の目的に向かって，友達と話し合い，自分の思いを伝えたり，相手の話す言葉を聞こうとしたりする意欲や態度を身に付ける。 ・遊びや生活の中で文字や記号に親しむ。	①自分の気持ちを言葉で表現する楽しさを味わう。 ②人の言葉や話などをよく聞き，自分の経験したことや考えたことを話し，伝え合う喜びを味わう。 ③日常生活に必要な言葉が分かるようになるとともに，絵本や物語などに親しみ，保育教諭等や友達と心を通わせる。	自然とのかかわり・生命尊重
			数量・図形，文字等への関心・感覚
・友達と一緒に遊びのイメージを共有しながら，様々な表現する過程を楽しむ。 ・感じたこと，考えたこと，経験したことなどをいろいろな方法で表現する。	・友達と心を通わせ，一緒に表現する過程を楽しむとともに，感動する体験などを通じ，豊かな感性を育み，それらを表現する意欲を持つ。 ・いろいろな素材に触れ，感じたこと，考えたことを工夫して表現する楽しさを味わう。	①いろいろなものの美しさなどに対する豊かな感性を持つ。 ②感じた事や考えたことを自分なりに表現して楽しむ。 ③生活の中でイメージを豊かにし，様々な表現を楽しむ。	言葉による伝え合い
			豊かな感性と表現

第3節　保育の評価

（1）子ども理解に基づいた記録と評価

　子ども理解の際には，幼稚園教育要領に「指導の過程を振り返りながら幼児の理解を進め，幼児一人ひとりのよさや可能性などを把握し，指導の改善に生かすようにすること。その際，他の幼児との比較や一定の基準に対する達成度についての評定によって捉えるものではないことに留意する」*4（第1章総則第4，4幼児理解に基づいた評価の実施（1））とあることを踏まえる。保育所，認定こども園においても同様である。

　保育所保育指針に「保育士等は，子どもの実態や子どもを取り巻く状況の変化などに即して保育の過程を記録するとともに，これらを踏まえ，指導計画に基づく保育の内容の見直しを行い，改善を図る」（第1章総則3（3）指導計画の展開エ）とある。記録には文章で記録する方式，文章と写真や動画等を組み合わせるドキュメンテーションやポートフォリオ，保育室の環境等を記録する環境型記録や子どもの活動を蜘蛛の巣のようにつなげて記録するウェブ型記録等があり，それぞれの特徴を理解し組み合わせる等工夫して作成，活用することが望まれる。

（2）自己評価と保育の質向上に向けた改善の取組

　保育所保育指針では「評価の結果を踏まえ，当該保育所の保育の内容等の改善を図ること」（第1章総則3（5）評価を踏まえた計画の改善ア），「保育の計画に基づく保育，保育の内容の評価及びこれに基づく改善という一連の取組により，保育の質の向上が図られるよう，全職員が共通理解をもって取り組むことに留意すること」（第1章総則3（5）評価を踏まえた計画の改善イ）としている。保育者自身の価値観や在り方を深く振り返り問い直す「省察」とともに，保育者同

＊4　他者と比べて順位をつける相対評価や小学校で取り入れている設定した基準と比べる到達度評価（絶対評価），点数をつける評定ではなく，その子の以前の姿と今の姿を比べて成長していくプロセスや努力を見ていくのが保育における方向目標，個人内評価である。

表8-2　長期の指導計画の具体例　0・1歳児の年間指導計画

建学の精神	誠実にして社会に役立つ人間の育成		
園の目標	主体的な遊びを通して、非認知能力を育成し、教えられる学びから自ら考える学びを実践する。		
年間目標	○ゆるやかな担当制保育の中で、保育者との信頼関係を築き、人との関わりを喜び、穏やかに過ごす。 ○保健的で安全な環境のもと、常に身体の状態を細かく観察し、疾病や異常の発見に努め快適に生活できるようにする。 ○一人一人の子どもの生活リズムを重視し、食欲、睡眠、排泄等の生理的欲求を満たし生命の保持と生活の安定を図る。 ○優しい語りかけや歌いかけ、発声や喃語の応答を通じて発語の意欲を育てる。 ○安全で活動しやすい環境を整え、発達にあわせて身体活動を活発に行う。 ○一人一人の発達に合わせ、無理のないよう離乳食を進め、様々な食品に慣れ幼児食への移行を図る。 ○見る、聞く、触る等の経験を通して感覚や手指の発達を育み、身の回りに対する興味や好奇心の芽生えを育てる。		

	おおむね6か月未満	おおむね6か月～1歳3か月未満	おおむね1歳3か月～2歳未満
発達過程	○母体内から外界の急激な環境の変化に適応し、著しい発達が見られる。 ○首がすわり、手足の動きが活発になり、その後寝返り、腹ばいなど全身の動きが活発になる。 ○視覚、聴覚などの発達が目覚しく、泣く、笑うなどの表情の変化や体の動き、喃語などで自分の欲求を表現する。 ○応答的に関わる特定の大人との間に情緒的な絆が形成される。	○座る、這う、立つ、つたい歩き、腕や手先などの運動機能の発達により、探索活動が活発になる。 ○大人との応答的な関わりが深まり、やりとりが盛んになる一方で、人見知りをする。 ○簡単な言葉を理解するようになり、自分の意思や欲求を身振りなどで伝えようとする。 ○離乳食を食べ始め、無理なくステップアップしていく。 ○免疫力が弱まり感染症にかかりやすくなる。	○歩き始め、手を使い、言葉を話すようになり、好奇心旺盛で興味の幅が広がる。 ○歩く、押す、つまむ、めくるなど運動機能が発達する。 ○自分でやりたい気持ちが強くなり、言葉などで思いを上手く伝えられないことから、ひっかきや噛みつきが多くなる。 ○見立てなど象徴機能が発達する。 ○噛む、飲み込むの経験を繰り返して離乳食から幼児食へと移行する。 ○衣服の着脱に興味を持ち自分でしようとする。 ○指差し、身振り、片言などを盛んに使うようになり、1歳後半には二語文も話し始める。

			1期（4～5月）	2期（6～8月）	3期（9～12月）	4期（1～3月）
内容	養護	生命の保持 情緒の安定	○乳幼児突然死症候群（SIDS）の予防、仰向けに寝かせ、睡眠中のきめ細かな観察を行う。 ○生理的要求を十分に満たし、健康や体調、機嫌の状態に留意しながら、生活リズムを整える。	○乳幼児突然死症候群（SIDS）の予防、仰向けに寝かせ、睡眠中のきめ細かな観察を行う。 ○梅雨期、夏季の衛生面に十分留意し、気持ち良く過ごす。 ○一日を24時間で捉え、家庭と連携しながら生活リズムを整えていく。	○乳幼児突然死症候群（SIDS）の予防、仰向けに寝かせ、睡眠中のきめ細かな観察を行う。 ○気候や体調に留意しながら、なるべく薄着で身体を十分に動かして遊ぶ。 ○睡眠時間は個人差があることを踏まえ、一人一人の生活リズムに合わせて睡眠を確保していけるようにする。	○乳幼児突然死症候群（SIDS）の予防、仰向けに寝かせ、睡眠中のきめ細かな観察を行う。 ○感染症の予防など冬の健康に留意し寒い冬を元気に過ごせるようにする。 ○身の回りのことについて自分でやってみようとする気持ちを大切に、子どものペースに合わせて援助をし、意欲を育んでいく。
		生活	○安心できる保育者の丁寧な関わりの中で情緒が安定し、無理なく園生活を過ごす。 ○欲求や発声に優しく応じてもらい、落ち着いた雰囲気の中で心を通い合わせる。	○安心できる保育者に気持ちを受け止めてもらい、気持ち良く過ごす。 ○一人一人に合った生活リズムで休息・睡眠をとり健康に過ごす。 ○一人一人の発達や状態に合わせて、離乳食が進む。	○生活リズムが安定し、欲求や気持ちを共感してもらい、安心して過ごす。 ○薄着で過ごす。 ○様々な食べ物に関心を持ち、スプーンや手づかみで自ら意欲的に食べようとする。	○保育者に見守られる中、便器に座ることに慣れ、排泄する気持ちよさを知る。 ○一人一人の発達や状態に合わせて、幼児食へ移行し、よく噛んで食べる。
		あそび	○保育者に抱かれ園庭などの戸外に出て春の草花に触れたり、春の風を感じたりする。 ○保育者とスキンシップを十分にとりながら遊び、心地良さを味わう。	○一人一人の欲求を受け入れながら、身近なものへの関心や遊びを広げ、発声や喃語を楽しむ。 ○沐浴や水遊びをたっぷりと楽しみ、お湯や水の感触を味わう。 ○身近な保育者とのスキンシップやふれ合いの心地よさを感じる。	○気候や体調に留意しながら、戸外遊びや散歩を通して、秋の自然に触れる。 ○保育者に見守られながら、這う、歩く、よじ登るなどの全身を使った遊びを十分に楽しむ。 ○保育者に絵本を読んでもらったり、手遊び、わらべ歌遊びをしたりしながら簡単なやり取りを楽しむ。	○保育者が仲立ちし、友達と同じことをしたり真似をしたりして、一緒に遊ぶことを楽しむ。 ○1歳児クラスとの交流を持ち遊ぶ。 ○自分の思いを片言や指さし、表情で伝えようとする。 ○絵本や音楽に親しみ、それに合わせた体の動きを楽しむ。
	環境構成		○室内外の温度、湿度、換気に留意し、過ごしやすい環境を作る。 ○授乳スペース、食事スペース、睡眠スペースなど、安心して生活させるよう環境を整える。	○思いきり体を動かして安全に遊べるように、保育室の環境を整える。 ○安全で楽しく水遊びが出来るように、玩具を用意したり場所を確保し、環境を整える。	○遊びたいもので満足して遊べるように、発達段階に合った玩具の種や数、場所を準備する。 ○静と動の遊びのバランスを考慮し、環境を整える。	○シートの上に雪や氷を置き、冬の自然に親しめる環境をつくる。 ○同年齢クラスとの交流を持ったり、2歳児クラスの保育室で遊ぶ機会を持つ。
	保育者の援助 配慮		○一人一人の発達や生活状況に合わせてゆったりと過ごすようにする。 ○抱っこやおんぶでスキンシップをとったり、ゆっくりふれ合い、情緒の安定を図る。	○一人一人の体調を把握しながら、必要に応じて沐浴や水遊びを行ったり、水分補給をしたりする。 ○一人一人に応じて、食欲・睡眠・遊びの欲求を満たし、機嫌良く過ごすことができるように援助する。 ○子どもの甘えたい気持ちを十分に受けとめ、ふれあって遊ぶ。	○一人遊びがじっくりできる空間や玩具を用意したり、全身を使って遊べる環境を工夫する。 ○いろいろなところを歩く経験ができるようにし、歩行が安定するようにする。 ○一人一人の体調や気温に応じて衣服の調節をこまめに行い、薄着で生活できるようにする。	○自分の思いを伝えようとする子どもの気持ちに言葉を添えて応じていく。 ○冬に流行する感染症を把握・予防し健康に対応してもらう。 ○室内の温度・湿度・換気に気をつけ、一人一人の健康状態を把握する。
	家庭との連携		○園での生活と家庭での生活が無理なくスムーズに行われるようそれぞれの様子を細かく伝えあう。	○毎日のやり取りの中で、夏場を快適に過ごせるようにする。 ○離乳食は、家庭で2回食になってから園でもスタートすることを伝え、徐々に慣れるようにする。 ○沐浴や水遊びでは当日の体調を必ず伝えてもらい、その日の遊びの内容を配慮する。	○毎日のやり取りの中で、夏場を快適に過ごせるようにする。 ○離乳食は、家庭で2回食になってから園でもスタートすることを伝え、徐々に慣れるようにする。 ○沐浴や水遊びでは当日の体調を必ず伝えてもらい、その日の遊びの内容を配慮する。	○子どもの健康状態を細かく伝え合いながら、感染症にかかった場合は早めに対処してもらう。 ○参観や一年の連絡帳を通して子どもの成長を振り返り共に喜ぶ。

出所：表8-1と同じ。

表8-3 長期の指導計画の具体例　5歳児の年間指導計画

建学の精神	誠実にして社会に役立つ人間の育成			
園の目標	主体的な遊びを通し、非認知能力を育成し、教えられる学びから自ら考える学びを実践する。			
年間目標	○友達との園生活を楽しみながら色々な遊びを活発に行うとともに、基本的な生活習慣を身につける。 ○生活の流れの中で、目標に向かい合う力を合わせて最後までやり遂げる達成感や喜びを味わう。			

		1期（4～5月）	2期（6～8月）	3期（9～12月）	4期（1～3月）
子どもの姿		・年長組になったことの喜びや期待が見られ年中組からの友達と一緒に遊ぼうとする。 ・緊張感や不安感を感じている子どももいる。 ・戸外で活動することを喜び友達と一緒に楽しんでいる。	・自分から進んでやってみようとする意欲が見られる。 ・友達と一緒に遊びを進めようとするが、互いの考えや主張がぶつかる。 ・遊びの思いや考えが伝わらなかったり、意見の食い違いなどから遊びが続かないこともある。 ・動植物に興味や関心を持ち、進んで世話をしようとする。	・自分なりの目標を持って関わろうとする気持ちが高まっている。 ・クラスや学年で目的に向かって遣り遂げようとする姿が見られる。 ・生活経験が広がるとともに互いの気持ちを調整しながら関係が深まっていく。 ・友達との関わりが深まり、互いの思いを受け止めようとする。 ・秋の自然に触れ、自然物を使って試したり、遊びに取り入れたりしている。	・生活や活動に見通しが持てるようになり自信をもって主体的に行動している。 ・クリスマス表現会で披露した経験で自信に取り組み、活動や遊びに積極的に取り組む。 ・互いの良さを認め合いながら工夫したり協力したりして遊ぶ。 ・就学への期待を持ち、遊びを十分に楽しみながら充実感を味わっている。 ・身近な自然事象や社会事象に対する興味が深まる。
ねらい		・新しい環境に慣れ、友達や保育教諭と一緒に遊ぶ。 ・進級する喜びを味わい意欲的に生活する。 ・身近な春の自然に関わり、美しさや季節の変化に興味を持つ。 ・戸外で思いっ切り体を動かして遊ぶ心地よさを感じる。	・友達と考えを出し合いながら工夫して遊びを進めることの楽しさを味わう。 ・夏ならではの遊びを楽しみながら、健康で安全な生活の仕方を知り快適に過ごす。 ・体を十分に動かして友達と関わって遊ぶ楽しさを味わう。 ・梅雨期や夏の自然事象や、身近な動植物の様子に興味や関心を持って関わる。	・身近な自然に関心を持って関わり、季節の移り変わりに気づいたりする。 ・様々な運動遊びに興味を持ち、自分の力を十分に発揮して体を動かすことを楽しむ。 ・クラスの友達と共通の目的にむかって考えを出し合いながら、遊びを進める楽しさを味わう。	・自分なりの目当てを持ち、互いの良さを認め合いながら遊びや生活を進め充実感を味わう。 ・冬の自然事象や自然物に興味を持ち、遊びに取り入れたりして春の訪れを感じたりしている。 ・就学の期待や不安を保育教諭に受け止めてもらいながら、自信や自覚を持って、充実した生活を送る。
養護	生命の保持 情緒の安定	・自分で考え判断して行動しようとする。 ・非常時の訓練を通して約束を確認し落ち着いて行動する。 ・一人ひとりの健康状態や考えを把握する。 ・好きな遊びや気に入った場所を見つけ、安定した気持ちで生活する。	・梅雨期、夏期の保健衛生に留意し、快適に過ごせるよう配慮する。 ・一人ひとりの発達や生活を大切にし、言葉かけをしたり、アドバイスを行う。 ・自分の気持ちや考えを安心して表すことができるようにする。 ・アイデアを提供したりしながら、相手の気持ちに共感できるように援助する。	・換気を十分に行いながら、一人一人の健康状態を把握し、気温の変化に応じて室内外の環境を調整し、快適に過ごせるよう環境を整える。 ・子どもの興味や活動を理解して、意欲的に活動を進められるようにする。	・一人一人の健康状態を把握し、インフルエンザなどの感染症の予防に努め、異常のある場合は適切に対応する。 ・冬の生活の仕方を身に付け、手洗いやうがい、衣服の調節などを進んで行えるようにする。 ・一人一人自信を持って、自己発揮しながら意欲的に生活できるようにする。 ・成長の喜びを味わい、友だちと一緒に就学への期待を持つ。
内容（教育）	健康	・十分に体を動かして遊ぶ。 ・園生活での決まりを確認し安全に気を付ける。 ・新しい年長児としての生活の仕方や習慣を知る。 ・手洗い、手指消毒などを徹底させる。 ・色々な遊具や用具の正しい使い方を知る。 ・内科健診を受け健康な身体について考える。 ・ソーシャルディスタンスを意識し、3密を避ける。	・戸外での遊びや水遊びに進んで参加し、十分に楽しむとともに健康な体の送り方に気になう。 ・自分の体に関心を持ち、健康な生活に必要な習慣や態度を身につける。 ・必要な決まりを自分たちで考え理解する。	・様々な運動に興味を持ち進んで行い、健康な体を送るための必要な習慣や態度を身につける。 ・遊びの進め方などを友達と話し合い、協力なルールを守ったりして遊ぶ。 ・様々な運動遊びに興味を持って挑戦しようとしたり、リズムに合わせて踊ったりする。	・園生活を通して自分で考えながら場面に応じた行動をする。 ・寒さに負けず十分に体を動かし、色々な運動や遊びに取り組む。 ・友達や保育教諭、異年齢児に親しみ、一緒に遊んだり、相手の気持ちに気づき、理解する。
	人間関係	・家族への愛情や感謝の気持ちを持つ。 ・友達と一緒に体を動かす楽しさや心地よさを味わう。	・遊びの中での自分の思いを伝え、相手の気持ちや考えを分かろうとする。 ・家族への愛情や感情の気持ちを持つ。 ・友達と保育教諭と思いを伝え合いながら遊びを継続させていく喜びを味わう。 ・サッカーに必要なものを使って行うゲームを進める。	・友達の役割を分担し合う中で、助け合うことの楽しさを味わう。 ・友達と役割を分担したり協力したりして遊びを進める。 ・友達と気持ちを合わせたり協力したりして楽しむ。	・自分達で役割を分担したりルールを決めたりしながら主体的に生活する。 ・トラブルで困った事を自分たちで解決しようとする。 ・自分の成長を喜び合い、入学への期待や希望を膨らませる。
	環境	・花の種まきや野菜の苗植えを通して生長に気になったり、発見を楽しんだりする。 ・戸外の自然に触れ、美しさや季節の変化に興味を持つ。 ・自分の気持ちを相手に分かるよう言葉で伝えようとする。	・夏野菜の生長に関心を持ち、育つ喜びを味わったりする。 ・カメの飼育を通して、生き物に興味を持つ。 ・身近に起こるいろいろな事象に関心を持ち、疑問に思ったこと試したり調べたりする。	・遊びに必要なものを、様々な素材や用具を活用して実現しようとする。 ・身近な自然の美しさや季節の移り変わりに気づく。 ・自然物を使って様々な遊びに発展させ、素材の感触や物の性質などに気づいたり調べたりする。	・簡単な標識や文字・数・図形などに関心を持ち遊びや生活に取り入れて遊んだり、その中で変化に気づいたりする。
	言葉	・絵本や図鑑などに親しみ想像して楽しむ。	・自分の思いを伝えるとともに、友達の話を味わいながら関心を持って聞く。 ・絵本や物語などに親しみ、想像する喜びや楽しさを味わう。	・日常生活の中で、数量・図形・位置・時間、興味を持ち生活の中で関心を持つ。 ・体験したり感じたりしたことを相手に伝わるように言葉で表現する。	・考えた事や感じたことを、相手にわかるように話したり、相手の話を聞いて受け止めたりして、言葉による伝え合いを楽しむ。 ・様々な出来事の中で、イメージを膨らませて感情などを言葉や身ぶり絵などいろいろな方法で表現しようとする。
	表現	・友達と一緒に工夫して身体表現や絵画など、いろいろな表現活動を楽しむ。 ・友達と声を合わせて歌う心地よさを感じたり、身体を動かしたりすることを楽しむ。 ・様々な素材を使って表現する楽しさを味わう。	・友達と一緒に様々な音楽に合わせて踊ったり歌ったりしながら、表現する楽しさを味わう。	・絵本や物語、経験したことを、想像を豊かにして表現したり遊びに取り入れたりする。 ・友達と一緒に考えたことを遊びの中で実現したりする楽しさを味わう。 ・様々な美しい音、曲に耳を傾け、自分たちで音を試したり楽しんだりする。	・友だちや保育教諭など身近な人々と心を通じ合え、大きくなった喜びを味わい、感謝の気持ちを持つ。
環境構成と援助		・子どもが自然と触れ合えるような環境づくりをする。 ・子ども達と共に生活や遊びの場を作っていくことを大切にする。 ・安定した気持ちで生活が出来るように活動の流れに沿ってゆとりのある時間や場を構成する。	・気温に応じて室内外の環境を整え水分補給に配慮する。 ・身近な自然物と触れ合う中で、発見や疑問に感じたことを調べたり、継続して生長を見守ることができる環境を構成する。 ・子どもの考え方達と一緒に遊びを楽しむ時間とともに持ちながら生活の仕方と場を構成する。	・興味や活動意欲の高まりを受け止めて十分に活動できるように広い場を確保する。 ・園内外の畑や学園内の施設などの活用を考える。 ・秋の自然物を遊びに取り入れたり収穫し味わったりする機会をもつ。 ・子どもたちが相談したり、工夫したり出来るよう、十分な時間を確保する。	・子ども同士で相談や協力が出来るように、十分な時間を確保し、見通しを持って生活を考えるようにする。 ・一人一人が園生活を通して自信や誇りを持って就学を迎えられるようにする。 ・安心して小学校生活に移行できるよう園生活のリズムを整えていく。
家庭との連携		・園だよりやHPを通して意欲的に生活する姿を知らせ成長に期待や見通しが持てるようにしていく。 ・親子遠足を通して親子間の交流のつながりを育んでいく。 ・検温表を利用するなど健康状態を把握し合う。	・子どもの体調面について、家庭と連携を密に取り合う。 ・子どもの様子や、対人関係などを伝え合う。 ・子どもの成長を共感し合い、ともに喜び合えるように意気込んでいく。	・運動会への取り組みの過程を保護者に伝え、子どもの成長する姿を実感し、共に喜び合う。 ・園行事に参加する喜びを感じてもらえるように、様々な活動の場を設ける。	・成長を感じながら卒園を祝う。 ・子どもの成長を伝え合いながら、より健康で快適に過ごせるようにしていく。 ・小学校への不安がなくなるように、連携を取り合う。
小学校との連携 （就学に向けて）			・遊びを通して、数えたり文字に触れることが出来るように環境を整えていく。	・就学時健診を通して、小学校へ行う。 ・保育教諭が小学校へ行き、1日体験を行う。 ・小学校体験を通して、感じたことや、取り入れられることなどを保育教諭間で共有していく。	・子どもたちの様子を伝え、小学校と連携を取り合う。
地域との連携		・災害・緊急時の連絡方法や避難場所確認 ・親子遠足 ・茶道体験 ・アトリエリスタ	・野菜の苗購入 ・稲刈体験みかん会 ・相沢康夫氏積み木ショー ・お楽しみ会（お祭り） ・アトリエリスタ	・運動会 ・いもほり ・クッキング ・避難訓練（消防訓練） ・茶道体験 ・クリスマス表現会 ・交通安全教室 ・アトリエリスタ	・金箔体験 ・茶道体験おもてなし ・豆まき ・卒園式

出所：表8-1と同じ。

表8-4　長期の指導計画の具体例　5歳児の月間指導計画

今月初めの子どもの姿	月のねらい	月間予定
●夏野菜の生長を喜び，観察や水やりをしている。 ●友達と過ごすことを喜び，話し合いながら遊んでいる。 ●いろいろな遊びへの関心が広がり，友達との関わりが活発になる反面，思いがぶつかることもある。 ●梅雨期ならではの身近な植物や生き物など興味や関心をもつ。	◆梅雨期の自然や動植物に興味や関心を持ち親しみを持って関わる ◇友達と考えを出し合いながらイメージを共有し，遊びを進めることの楽しさを感じる ◇体を十分に動かして，いろいろな友達とかかわって遊ぶ楽しさを味わう。	リモート参観 歯科検診 アナウンス教室 茶道教室 星稜アトリエスタ 避難訓練 プール 身体計測

	内容	環境構成	予想される子供の姿	保育者の援助
養護	●気候や体調に応じて適切に調節された環境で，健康に過ごす。 ●気持ちや考えを認めてもらい，安心して生活する。	●温度，湿度を調節し，換気などを行って快適な環境をつくる。 ●じっくりと話を聞いたり，話したりできる時間をつくる。	●自分で休息をとりながら元気に過ごす。 ●なかなか自分を出せない子どもたちとの関わりの中で気持ちを表現する。	●家族と連携しながら一人一人の健康状態を把握し，適切に対応する。 ●気持ちを伝えやすいよう，言葉をかけたり雰囲気作りを行う。
教育	○友達と一緒に遊びの場に必要な物を作り，水族館のイメージを共有しながら遊ぶことを楽しむ。 ○身近な環境や友だちの姿に刺激を受け，興味を持って遊びに取り組む。 ○気付いたり疑問に思ったことを友だちや保育教諭に伝えたり，自分なりに調べたりしてみる。 ○友達の言葉や話に興味を持ち，考えを聞いたり，話し合ったりして遊びを進める。 ○戸外で十分に体を動かして遊ぶ心地良さを味わう。 ○野菜の水やりや観察を通して生長を喜ぶ。 ○皆と一緒に体を動かす楽しさや心地よさを味わう。 ○友だちと一緒に楽しんでリレーなどのルールのある遊びをする。 ○家族への感謝の気持ちを込めてプレゼント作りをする。 ○野菜の水やりや観察を通して生長を喜ぶ。 ●雨や水たまり，虹や空の様子など，梅雨期の自然に気づいたり，発見したりすることを楽しむ。 ○七夕に興味を持ち，様々な笹飾りを作って楽しむ。 ○友だちとの遊びの中で，イメージしたことを実現しようとする。	●遊びに必要な物を自分たちで作れるようなさまざまな材料や用具を用意しておく。 ●自分たちで遊びの場を工夫できるように時間や場を調整していく。 ●興味を持ったり不思議に思ったことを友達に知らせたり，自分たちで調べられるように図鑑や絵本を置いたりしておく。 ●七夕に興味を持って製作が楽しめるように，笹を飾ったり，絵本や紙などを用意しておく。 ●子どもが進んで水やりをしようとする姿を大切にし，身近な自然や栽培物の変化など子どもの気付きを受け止め，共感していく。 ●芝居を準備しておく。 ●七夕に興味を持って製作が楽しめるように，笹を飾ったり，絵本や紙芝居を準備しておく。	●夏野菜の変化に気付く。 ●雨が降っているときや，雨がやんだときの様子に興味をもつ。 ●自分の思いが相手に伝わることや，相手の思いも聞くに心地よさを感じる。	●遊びの中で子どもの発想を十分に受け止め，したいことが実現できるように，保育教諭も一緒に考えたり，材料や用具，遊具の様々な使い方を知らせたりしていく。 ●身近な自然や栽培物の変化など子どもの気付きを受け止め，共感していく。 ●友だち同士のやりとりをしながら，自分の思いが出せているか，一方的に思いを出してばかりいないかなどそれぞれの様子を把握し，必要に応じて言葉を添えながらやりとりの橋渡しをしていく。 ●保育教諭も一緒に体を動かし，思いきり体を動かす楽しさを味わえるようにしていく。また，頑張っている姿に励ましの言葉や認める言葉を掛け，繰り返し挑戦できるようにしていく。 ●身近な自然や栽培物の変化など子どもの気付きを受け止め，共感していく。 ○友達の言葉や話に興味を持ち，考えを聞いたり，話し合ったりして遊びを進める。 ○友だち同士のやりとりをよく見ながら，自分の思いが出せているか，一方的に思いを出してばかりいないかなどそれぞれの様子を把握し，必要に応じて言葉を添えながらやりとりの橋渡しをしていく。 ●家族に対する気持ちを受け止めたり共感したりしながら進められるようにする。 ●子どもが進んで水やりをしようとする姿を大切にし，身近な自然や栽培物の変化など子どもの気付きを受け止め，共感していく。

食育	家族との連携	職員との連携	反省・評価
・枝豆やきゅうり，ピーマンを育て，収穫を期待し世話をする。 ・育てる喜びや楽しさ，期待感を味わう。 ・植えた後の世話の仕方を伝え，収穫を楽しみにできるようにする。	・保護者の心配事や質問などに対しては，個別に丁寧に応じ，信頼関係を築いていく。 ・園での様子や友だちとの関わりについて丁寧に知らせる。 ・子どもたちの園内でのマスク着用をお願いする。 ・子どもの健康状態について，保護者と連携をとり合いながら，一人一人の健康状態を把握していく。 ・衣替えをきっかけに，衣服の調節や健康な体作りに必要な事などを確認し，家庭と連携していく。	・朝の受け入れや，遊び，生活の様子など必要な情報を共有する。 ・園庭遊びでは安全面に配慮し，職員を配置する。 ・昼食の様子を見ながら，必要に応じて声をかけたり援助したりする。 ・食事，午後間食はアレルギー児に提供する職員をあらかじめ決めておく。 ・園で流行っている感染症などを把握する。 ・子どもの様子などの情報を共有し，一人一人に適切に援助できるようにする。 ・感染症対策について，共通理解をしておく。 ・避難訓練の内容と避難経路の確認をする。	自分の遊びたいことに取り組む姿が見られたが，他児との関わりでは，会話を交わしながら遊ぶことが難しかった様で，トラブルになることもあった。保育教諭が仲裁に入り見守ったり，必要に応じて援助を行うことで少しずつ遊びの中で会話を楽しむようになる。引き続き，会話を楽しみながら友達と一緒に遊ぶ楽しさや，その際に大切な約束事などにも気付くことが出来るように環境を整えていきたい。 また，解放感を味わいながら遊ぶことが出来るように活動を考えていく。

出所：表8-1と同じ。

表8-5　短期の指導計画の具体例　5歳児の週日指導計画

先週を踏まえた今週の改善点	子どもたちの遊びを見守りながら、少し仲裁に入り、イメージの共有が出来るように関わるように心がける。また、興味のある子が自然と混ざり合うことが出来るような環境を整えていく。保育教諭の言葉を待つのではなく、自分たちで次の行動を考えていくことが出来るように促していく。熱中症に気を付け、自分の健康を意識できるようにする。
ねらい ◇あそび ◆生活	◇身近な環境や友だちの姿に刺激を受け、興味を持って遊びに取り組む。 ◆野菜の苗の水やりなど、世話をしたりしながらその成長に興味を持つ。 ◆自分たちで考えて行動しようとする。
ねらい達成に向けた具体的行動計画（援助・環境）	友達の遊びに興味を持ち、自分なりの関わり方で参加することが出来るように、環境を整え、周りの子の様子も把握する。 苗の水やりを積極的に行い、成長を楽しみに出来るように成長過程を写真に撮って掲示していく。 1日の流れが分かるようにする。
配慮事項	周りをよく見て、子どもたちの遊びを把握する。 必要な援助、必要な声掛けを考えて行う。 野菜の成長が分かるようにする。

日（曜日）		行事予定・活動内容		配慮事項	子どもの様子	なぜ左記のようになったかの分析（子どもの内面発達面から、保育者の援助環境面から、その他）
30日	（月）	<園庭遊び> ・鬼ごっこ ・サッカー ・砂遊び ・大型遊具	<室内遊び> ・ボードゲーム ・積み木 ・製作 ・ままごと ・ラキュー ・絵本 ・水族館作り ・動物園作り	○遊びを紹介するとともにより多くの子が興味を持てるようにする。	◇水族館を作って遊んでいなかった子が、朝の集まりの時に、作った物や、やりたいことを紹介したことによって、興味を持ち始め、自ら魚を作って関わりを持っていた。	①遊びに興味を持ったことによって自ら出来るものを作ろうと関わる。 ②興味をより持つことが出来るように、集まりの時に紹介することによって、より遊びが明確になるようにする。
31日	（火）	プール開き <園庭遊び> ・鬼ごっこ ・サッカー ・大型遊具	<室内遊び> ・ボードゲーム ・積み木 ・製作 ・ままごと ・ラキュー ・絵本 ・水族館作り	○自分たちで行おうとする気持ちを大切にしながら、必要に応じて援助を行う。	◇プールの活動が始まり、とても期待している様子。どの子もプールに入る際の準備など、自分たちで分かることを伝え合い行うことが出来ていた。	①活動への期待や、流れが把握できている様子。 ②安全面に配慮しながら、自分たちで考えて行動することが出来るように促す。
1日	（水）	<園庭遊び> ・鬼ごっこ ・サッカー ・砂遊び ・はないちもんめ ・大型遊具	<室内遊び> ・ボードゲーム ・積み木 ・製作 ・ままごと ・ラキュー ・絵本 ・水族館作り ・動物園作り	○全体の遊びを把握し、必要に応じて物の提供をする。	◇動物園で遊ぼうとするが、動物を囲っているレンガ積み木が崩れてしまう。崩れた積み木を何度も直そうとする場面もあるが、積み木ともう一つアイテムを加えることで再び、動物園作りが深まっていった。	①壊れてしまうことが多く、少し気分も下がっていたが、アイテムを加えたことによって更にイメージが広がっていく。 ②新しいアイテムを次につなげることができるように、関わり、物の提供をしていく。
2日	（木）	参観 <園庭遊び> ・鬼ごっこ ・サッカー ・大型遊具	<室内遊び> ・ボードゲーム ・積み木 ・製作 ・ままごと ・ラキュー ・絵本 ・水族館作り ・動物園作り	○全体に目を配りながら、一人一人の遊びの様子を把握する。	◇参観で少し緊張気味な様子も見られたが、最後には自分のしたい遊びに集中する姿が見られた。折り紙でカエルを作る子の姿を見て、真似て作ったり、作り方を教え合いながら作っていた。	①他児の行動に興味を示し、伝え合う気持ちがある。 ②互いに伝え合う姿を大切にし、すぐに保育教諭が手を貸すことなく、見守る。
3日	（金）	アナウンス教室 <園庭遊び> ・鬼ごっこ ・サッカー ・大型遊具	<室内遊び> ・ボードゲーム ・積み木 ・製作 ・ままごと ・ラキュー ・絵本 ・水族館作り ・動物園作り		◆アナウンス教室ということを伝えると、自分たちで椅子を用意する姿がある。アナウンス教室の時間、椅子に座っていることが難しい子もいて、足を組んだり、身体を揺らしたり、椅子に足をのせている姿も見られた。遊ぶ時も座らずに立って製作やラキューをする姿がある。	①椅子に座る集中力が短いことから。 ②椅子の座り方を子どもたちと確認する。
4日	（土）	<園庭遊び>	<室内遊び>			

今週の行動計画に対する評価・反省	次週に向けた改善点
遊びの継続をすることができるように環境を整えることを意識していった。また、遊びがより盛り上がるために必要なアイテムを選びタイミングを見て提供することができたことによって、遊びが広がっていった。 今後も子どもたちの様子を見ながら必要に応じて援助を行う。 野菜の成長を見ることが出来るように更に環境を作っていきたい。 自分たちで考えて行動することが出来るように促すが、まだまだ指示待ちになっていることも多いため、引き続き様子を見ていく。	引き続き遊びの環境を整えながら、必要な物や、必要な援助を考え、関わっていく。 遊びの先を考え必要な物を準備しいつでも提供するように考えていく。 野菜の成長を目で見ていくことが出来るように写真を撮って展示するなど考えていく。 生活の流れを理解し、自分たちで考えられるように声をかけ促していく。

出所：表8-1と同じ。

図8-4　6月の部屋全体の環境

図8-5　水族館

水族館のオープンに向け，イルカショーも必要となり，広い空間が必要となった。また，海をイメージした布を飾ることで，より，海をイメージした動きが増えた。

図8-6　動物園

動物の生態を話し合うことで，イメージの共有が出来た。動物の生態を理解して動物園を作っていた。ジャングルを，よりイメージし始めた。

士で語り合い対話をもとに多面的な理解につなげる「カンファレンス」から得た学びを次の計画に生かしていくことが求められる。保育者一人ひとりの自己評価が園全体の自己評価につながり，保育の質向上に向けた改善の取組となっていく。

　0・1歳児の年間指導計画は，月齢による発達の差や途中入園等による経験の差が著しいため，発達過程をおおむね6か月未満，おおむね6か月～1歳3か月未満，おおむね1歳3か月～2歳未満の3つの節目で丁寧に捉えている。

　5歳児の年間指導計画は，小学校との連携（就学に向けて）の欄が新たに設けられている。また，家庭との連携に加え，地域との連携の欄が加わり，学び

の広がりが感じられる。

　星稜幼稚園では，毎月部屋の環境を写真で記録している。今月の子どもの姿を来月の環境構成につなげるとともに，次年度担任への引継ぎにもなる。

　週日案では，子どもたち自身が主体的，対話的に遊びを豊かに展開していく姿に合わせ，保育者が環境の再構成，応答的な援助を行っていることがわかる。

引用・参考文献

秋田喜代美監修，東京大学大学院教育学研究科附属発達保育実践政策学センター編著（2019）『保育学用語辞典』中央法規出版.

厚生労働省編（2017）『保育所保育指針』フレーベル館.

厚生労働省編（2018）『保育所保育指針解説』フレーベル館.

前田和代編著（2023）『新・保育の計画と評価——理論と実践をつなぐ保育カリキュラム論』教育情報出版.

文部科学省（2017）『幼稚園教育要領』フレーベル館.

文部科学省（2018）『幼稚園教育要領解説』フレーベル館.

内閣府・文部科学省・厚生労働省（2017）『幼保連携型認定こども園教育・保育要領』フレーベル館.

内閣府・文部科学省・厚生労働省（2018）『幼保連携型認定こども園教育・保育要領解説』フレーベル館.

名須川知子・大方美香監修，戸江茂博編著（2019）『MINERVAはじめて学ぶ保育①　保育原理』ミネルヴァ書房.

上野恭裕・大橋喜美子編（2016）『現場の視点で学ぶ保育原理』教育出版.

渡邉英則・髙嶋景子・大豆生田啓友・三谷大紀編著（2018）『新しい保育講座①　保育原理』ミネルヴァ書房.

第9章

保育者の専門性

　本章では，子どもたちの成長，保護者の子育てを支える保育者の職務の専門性について扱う。保育者に求められる専門性は，知識，技術のみならず，多岐にわたる。まず保育者の専門性とはどのようなものなのか法律や法令ではどのように示されているのか確認することから，その定義を理解する。

　また保育者が守るべき倫理について扱う。知識や技術以前に，道徳的規範が求められている。加えて，人間性もまた，保育において重要とされている。専門性を確かなものにしていくために，継続的な学びの必要性について考える。

　この章では，折に触れて，日本における子どものための幼児教育，保育のさきがけとなることばを残した倉橋惣三の文章を手がかりに，また法律や法令を照らして保育者の専門性について考えていく。

第1節　保育者の専門性とはなにか

創意なき教育

　なんの創意もなく過ぎてゆく日の，らくではあってもあじきないことよ。そのらくさを求むるものはなまけである。そのあじきなさに平気なのは鈍である。なまけは卑しむべし，鈍はあわれむべし。いずれにしても生命の衰退である。

(中略)

　子どもが帰った後で，何の反省もしない人，疲れて，ほっとして，けろりとして，又疲れて，ほっとして，けろりとして，同じ日を重ねるだけの人，その日ぐらしの人に創意はない（倉橋，2008：50。一部ルビを追加した）。

> **子どもらが帰った後**
>
> 　子どもが帰った後，その日の保育が済んで，まずほっとするのはひと時。大切な
> のはそれからである。
>
> 　子どもといっしょにいる間は，自分のしていることを反省したり，考えたりする
> 暇はない。子どもの中に入り込みきって，心に一寸の隙間も残らない。ただ一心不
> 乱。
>
> 　子どもが帰った後で，朝からのいろいろのことが思いかえされる。われながら，
> はっと顔の赤くなることもある。しまったと急に冷汗の流れ出ることもある。ああ
> 済まないことをしたと，その子の顔が見えてくることもある。──一体保育は……。
> とまで思いこまれることも屢々（しばしば）である。
>
> 　大切なのは此の時である。此の反省を重ねている人だけが，真の保育者になれる。
> 翌日は一歩進んだ保育者として，再び子どもの方へ入り込んでいけるから（倉橋，
> 2008：49。一部ルビを追加した）。

（1）振り返るということ

　冒頭に挙げた文章は，倉橋惣三によるものである。倉橋は，東京女子高等師
範学校附属幼稚園の主事を長年務め，当時，形式化していた明治以来のフレー
ベル主義を改革し幼児教育の発展に尽くしたとされている。

　保育は，「子どもが帰った後」に「反省」をしていかなければ，ただただ
「同じ日を重ねるだけの」「その日ぐらし」となってしまうことをこの文章は教
えてくれている。反省とはなにも下を向いてうなだれることでも謝罪すること
でもない。そうではなく，あのときの対応は適切であったのか，他に方法はな
かったか，その日の出来事を，静かに保育者がひとり振り返ることを意味して
いる。このような振り返りは，勉強において予習よりも復習が大切といわれる
ように，保育者においてもとても大切になってくる。日々保育者は，振り返る
ことで，子ども理解や保育計画を考えていくともいえる。

　振り返ることで次の保育を考えていくことの重要性は，「反省的実践」とい
える。これは，ショーン（Schön, D. A.）によって提唱された考え方であり，
保育においても広く受け入れられている。これは，自己の経験，行動，感情に
ついて深く考え，洞察を得ることを通じて自己成長や改善を促進するプロセス

を意味している。「自分がしていることについて，ときには実際におこなっている最中であっても考える」営みのことである（ショーン，2007：50）。

　まず，出来事について振り返り，そのときの自らの感情や反応を認識する。そのうえで，批判的思考を用いて，客観的に出来事を振り返っていく。このとき，自分の行動がどのように効果的であったのか，また，ほかの行動はありえたのかを考える。そのうえで，専門的知識やほかの経験と結びつけ，出来事を深く理解することで，つぎに同じような出来事に出会った際の行動を検討していくのである。

（2）共感や援助を通したコミュニケーション

　このように，反省的実践のためにも，幅広い技術と知識が求められる。なかでも保育は，子ども理解や保護者支援，地域子育て支援等，共感や援助を通したコミュケーション能力が求められる。それは，子どものみならず，各家庭の保護者，近隣住民とのかかわり，自治体等の広い組織とのかかわりが想定されているからである。

　例えば，保護者支援といっても複数の支援が求められる。保育を行ううえでの保護者との信頼関係や，個別の家庭の状況や保護者の思いを理解すること，保護者同士の交流を図ることも求められている。また，園へ通っている保護者のみならず，地域の子育て世代への支援も想定されている。情報提供を含めて，幅広い相手との対話がそこでは求められている。

　円滑なコミュニケーションを図るためにも，場面に応じた言葉遣いを保育学生のうちから教員やアルバイト先，近隣住民とのかかわりで心がけるとともに，実習時にも子どもたちや現場の保育者とのかかわりから学びを深めておく必要がある。

　子どもとの日々は，毎日が同じものではない。日々様々な出来事が起こり，予想もしないことに出くわすこともあるだろう。それらに対して，振り返り，反省し，また次に活かしていくことは日々が毎日異なることの再確認にもなるだろう。

　子どもが朝，登園してきて，何事もなく元気に帰っていくということが奇跡

に近いことを，実習に臨み，また実際に社会に出たあとに理解するだろう。子どもたちが元気に降園できたとするならば，それは保育者らが見守ってくれていたからにほかならない。細やかに見守っていたとしても，起こりうるときには起こる。その対処方法についても，次の保育に活かしていく必要がある。

　保育にたった一つの方法論やマニュアルがあるわけではない。正解がひとつあるわけではないため，考え続けていく必要がある。保育も子どもも，あなた（保育者）自身もまた変化しつづけるからである。答えを急がないことも大切である。待つことは保育において重要となる。また，意味を問うことを続けてほしい。論破するということが世の中ではびこっているが，あれかこれか，白黒はっきりつけることがすべてではない。他者の意見を否定しすぎないということも大切である。

　以上のように，日々の振り返り，他者とのコミュニケーションは，ピアノや読み聞かせの技術と同様に，保育を円滑に行うためにも重要となってくるのである。すぐに身につくものではなく，日々の繰り返しの中で，振り返りを習慣化し，また，人とのかかわりからコミュニケーションの多様な方法を身に着けていくことが重要となる。

第2節　保育者の倫理

（1）プロフェッショナル（プロ）とはなにか

　ここで，プロフェッショナル（プロ）であるとはどのようなことなのか触れておきたい。プロフェッショナル（professional）とは，プロフェス（profess）を語源としている。プロフェスとは，誓うという意味であるが，職業に就くことに誓いを立てるということであった。中世における西洋ではそれは，聖職者や医師，弁護士といった人々のことを指した。しかしながら現在は，さまざまな職業においてその仕事内容から金銭を得る人々に拡張してこの言葉を用いている。

　保育を行う者を保育者，とした場合，保育所や幼稚園，こども園等で働く者のみならず，自らの子どもを養育する者，つまり保護者もまた，保育者といえ

る。しかしながら本章で扱う保育者とは，さきにふれたとおり，プロとして，仕事内容から金銭を得る人々として，保育所や幼稚園，こども園等で働く者に限定した保育者について考えていく。

　さて，誓いを立てるという語源に戻ると，保育者の場合，一体だれに対して誓いを立てるのであろう。例えば，国家資格としての保育士については，児童福祉法第18条の 4 に根拠を見出すことができる。

　　この法律で，保育士とは，第十八条の十八第一項の登録を受け，保育士の名称を用いて，専門的知識及び技術をもつて，児童の保育及び児童の保護者に対する保育に関する指導を行うことを業とする者をいう。

　児童の保育及び児童の保護者に対する保育に関する指導を行うことが職務であるとするならば，誓いは，子どもとその家族への誓いともいえるだろう。また，児童福祉法を受けて，保育所保育指針第一章 1 （エ）ではより詳しく，保育士の専門性について示されている。

　　保育所における保育士は，児童福祉法第18条の 4 の規定を踏まえ，保育所の役割及び機能が適切に発揮されるように，倫理観に裏付けられた専門的知識，技術及び判断をもって，子どもを保育するとともに，子どもの保護者に対する保育に関する指導を行うものであり，その職責を遂行するための専門性の向上に絶えず努めなければならない。

　ちなみに，幼稚園教育要領第 1 章総則においても，幼稚園教諭の職務の定義が示されており，子どもとの関係性について同様に重視されている。

　　教師は幼児との信頼関係を十分に築き，幼児と共によりよい教育環境を創造するように努めるものとする。

　　教師は，幼児の主体的な活動が確保されるよう幼児一人一人の行動の理解と

予想に基づき，計画的に環境を構成しなければならない。この場合において，教師は，幼児と人やものとのかかわりが重要であることを踏まえ，物的・空間的環境を構成しなければならない。また，教師は，幼児一人一人の活動の場面に応じて，様々な役割を果たし，その活動を豊かにしなければならない。

なお，幼保連携型認定こども園教育・保育要領第1章総則においても同様に保育教諭の職務の定義が示されている。ここでも重要となってくるのは，子どもとの関係性である。

保育教諭等は，園児との信頼関係を十分に築き，園児が自ら安心して身近な環境に主体的に関わり，環境との関わり方や意味に気付き，これらを取り込もうとして，試行錯誤したり，考えたりするようになる幼児期の教育における見方・考え方を生かし，その活動が豊かに展開されるよう環境を整え，園児と共によりよい教育及び保育の環境を創造するように努めるものとする。

以上のことから，保育者の専門性において一番重要とされるのは，まず，子どもとの関係性に基づいたかかわりである。しかしながら，関係性の形成以外にも重要となることは様々に存在している。このことを理解するヒントとして，全国保育士会倫理綱領をみていく。ここには，保育士の仕事に携わるにあたり，守るべき職業規範が示されている。

全国保育士会倫理綱領

すべての子どもは，豊かな愛情のなかで心身ともに健やかに育てられ，自ら伸びていく無限の可能性を持っています。

私たちは，子どもが現在（いま）を幸せに生活し，未来（あす）を生きる力を育てる保育の仕事に誇りと責任をもって，自らの人間性と専門性の向上に努め，一人ひとりの子どもを心から尊重し，次のことを行います。

私たちは，子どもの育ちを支えます。
私たちは，保護者の子育てを支えます。
私たちは，子どもと子育てにやさしい社会をつくります。

子どもの最善の利益の尊重

私たちは，一人ひとりの子どもの最善の利益を第一に考え，保育を通してその福祉を積極的に増進するよう努めます。

子どもの発達保障

私たちは，養護と教育が一体となった保育を通して，一人ひとりの子どもが心身ともに健康，安全で情緒の安定した生活ができる環境を用意し，生きる喜びと力を育むことを基本として，その健やかな育ちを支えます。

保護者との協力

私たちは，子どもと保護者のおかれた状況や意向を受けとめ，保護者とより良い協力関係を築きながら，子どもの育ちや子育てを支えます。

プライバシーの保護

私たちは，一人ひとりのプライバシーを保護するため，保育を通して知り得た個人の情報や秘密を守ります。

チームワークと自己評価

私たちは，職場におけるチームワークや，関係する他の専門機関との連携を大切にします。

また，自らの行う保育について，常に子どもの視点に立って自己評価を行い，保育の質の向上を図ります。

利用者の代弁

私たちは，日々の保育や子育て支援の活動を通して子どものニーズを受けとめ，子どもの立場に立ってそれを代弁します。

また，子育てをしているすべての保護者のニーズを受けとめ，それを代弁していくことも重要な役割と考え，行動します。

地域の子育て支援

私たちは，地域の人々や関係機関とともに子育てを支援し，そのネットワークにより，地域で子どもを育てる環境づくりに努めます。

専門職としての責務

私たちは，研修や自己研鑽を通して，常に自らの人間性と専門性の向上に努め，専門職としての責務を果たします。

社会福祉法人　全国社会福祉協議会
全国保育協議会
全国保育士会
（平成15年2月26日　平成14年度第2回全国保育士会委員総会採択）

　このように，保育者は，子どもたちの権利を守り，子どもを間において，保護者とともに協力して子どもを育むことが求められている。また，保育を通して知り得た個人情報を保護する必要がある。このように，公正性や包括性に努めた職業倫理や行動規範に基づいて行動することが保育者に求められているのである。

（2）かかわりのなかで行う保育

　また，重要なのは，これらの営みを保育者がひとりで担うわけではないということである。そうではなく，複数の保育者や関連施設，専門家とともに子どもを育んでいくのである。保育はチームで行うものであり，クラス担任のみならず，複数の保育者の目で子どもを見守っている。子どもの体調の変化や気持ちの浮き沈み，ふとつぶやいた言葉，友達同士のトラブルを含めて複数の保育者が共有することで，子ども理解を深めている。保育における「生命の保持，情緒の安定」は，複数の保育者のチームワークによって成立しているともいえるのである。

　社会には，なおも心無い人が，保育者は，子どもと遊ぶ仕事だと捉えていることがある。しかしながら，全国保育士会倫理綱領に示されたとおり，倫理規範に基づいた幅広い職務を保育者は遂行しているのである。

　また，そもそも遊びは子どもの発達にとって大変重要なものであり，ただ漠然と遊びが繰り広げられているわけではない。保育は，「公共の教育と福祉の責務を担う仕事」であるのにもかかわらず，「子育てサービスの一つ」としてあいまいな理解をしている人も巷には多く見受けられる（秋田，2013:14）。保育

の実態を分からずに表層的な理解だけで保育を理解した気になっている人は大変多い。

　もちろん，保育者の地位向上を含めた制度的な改革が進められてはいるが，保育学生，そして保育者自身もまた自ら保育という専門的職業の本来の姿を，社会に伝えていくことが求められている。

　小学校以上の教師が教授行動を通して関わる部分があるのに対して，保育における子どもとのかかわりは，「保育者の人間性そのものがかかわり，厳しく問われる」ものとされる（名須川，2016:101）。高度な技術や知識だけでは補うことができない，道徳の規範の理解が必要となる。そのためにも，保育者の人間性が問われる。次節では，自らの人間性に向き合う手段について考えていく。

第3節　保育者の人間性

親　切

　幼児保育の要諦を一語に尽くすものがあれば，それは親切である。親切のないところに保育の理論も経験も，工夫も上手もない。その反対に，親切のあるところ，一切の欠陥とまずさを覆うて余りある真の保育が実現する。

　親切とは相手に忠（ちゅう）な心であり，相手の為に己れを傾け注ぐ態度である。相手から求められない前に，その求むるところを見つける目であり，聞きつける耳であり，さらに，常に懇（ねんごろ）に行き届く心であり手である。

　理論がよく分かりませんでといい，経験が足りませんでといい，気のきかない性分でという。その実は親切が足りなかったのではあるまいか。少なくとも，移転，不親切がまじっていたのではあるまいか。わたしの親切をあんなにも信じきってくれる子らに対して——。

　わたしは屢々（しばしば）自らぞっとする（倉橋，2008：42。一部ルビを追加した）。

（1）自分のよいところを見つめる

　親切であるということは，技術や知識以前の人間性である。他者へのやさしい気持ち，慈しみの気持ちをもつことが，他者の育ちに寄り添い，また自らも

高めていくことができるということではないか。そのためには，誰か違う人間になることが必要なのではなく，自分が持っているよいところを見つめ，理想に向けて足りない部分を補っていくことが大切となる。

　保育現場での保育者を見ていると，あやとりが上手な保育者，ダンスの振り付けを子どもたちに伝えるのが上手な保育者，泣いている子どもへの寄り添い方が得意な保育者，さまざまに得意とすることをそれぞれの保育者が持っている。また，保育は他者との共同，つまり保育者同士のチームで行うため，それぞれの得意なことが発揮される場面がたくさん見受けられる。このようなそれぞれの得意なことを目の当たりにして，自らも体得していくこともまた，保育者の専門性を深める機会となるだろう。なぜなら，学ぶことの語源は，「まねぶ（まねをする）」ことから始まっているからである。自分が素敵だと感じる同僚の保育を「まねる」ことから自らの保育が拡張することを忘れないでほしい。

（2）「保育者としての私」と「自分としての私」

　保育者はこうあるべき，という理想も大切であるが，まず自分の体験を振り返ることも重要である。自分の幼いころの体験，つまり原体験を辿ることで，自分が何を大切にしたいのか明確になることもある。自分の幼稚園や保育園時代，どのような先生とのかかわりにどのような感情を抱いていただろうか。うれしかったことだけでなく，悲しかったこと，怒ったことも含めて，広く思い出してみることで，自分が何を大切にしているのか明確になる。自分が幼稚園や保育園のときに自分の担任であった先生と同じ職業に就こうとしていることに改めて意識を向けてほしい。当時とは，子どもや保育の知識や技術は変わってきてはいるが，時代が変わっても，保育のなかに存在する「保育者」の在り方を考えたときに，自身の原体験は普遍的であり大変参考になる。保育者を前に子どもが抱く気持ちは変わらず存在するからである。このように自身の体験を出発点に，今の時代の保育者像を構築することは可能なのである。

　例えば，岩瀬ら（2014：29）によると，

・わたしは何を大切にしているのか

・わたしはなにが好きか

・わたしはしあわせか。わたしはなにをしあわせとかんじるか

・わたしはだれか

・わたしはどんな風に暮らしているか

・わたしはだれか

というもはや職業を越えた問いを自問することから，自分が明確になるとされている。私であるわたし（個人）と，保育者であるわたし（プロ）を浮き彫りにすることから，自分の向かう方向を明確にするのである。

　「やり方」と「あり方」いずれも大切であり，「やり方によりすぎてその背後にある「考え方」や自分の「あり方」について」深めていくことが必要となる。また，「考え方」や「あり方」にばかり意識が向かい，肝心の「やり方」をないがしろにすることも問題なのである（岩瀬・寺中，2014：91）。ショーンの反省的実践にもつながるこのような自問は，常に問い続ける必要がある。完成するときは来ない。人間が生涯，学び続けることができるのと同様に，保育者もまた，常に学び続け，問い続けることで成長を続けるのである。

　いつも眉間にしわを寄せ，難しく考える必要はない。保育現場で働いていると，振り返る時間というのは，想像以上にたくさんある。自己評価を行うのとは別に，自分自身の経験に立ち返って，よりよい保育を目指し，またよりよい人間であるための問いを続けていくことが大切なのである。少しだけ自分を拡張してみるようなスモールステップをたくさん経て，振り返ると大きな挑戦であったと感じられるような毎日を過ごしてほしい。

　また，自分自身を考える際に，「自分としてのわたし」と「保育者としてのわたし」を問うのと同時に，人生設計についても考えていく必要がある。どのような人間になりたいのか，また，どのような人生を歩んでいきたいのか，人生を計画していくとともに，職業としての保育にどのようにかかわっていきたいのかキャリアデザインを行う必要がある。これもまた反省的実践であり，すぐに答えの出るものではないが，先輩保育者から学び，また家族と話し合うことで確立していくことができるだろう。

保育という仕事の魅力のひとつに，社会においてその活躍の場が多様にあることが挙げられる。保育士資格や幼稚園免許を取得した保育者が，職場や職種を替えて働き続けることは可能である。保育計画同様に，ときに軌道修正しながら，自分の向かう道を考えつづけてほしい。

第4節　未来の専門性のために

> **教育される教育者**
> 　教育はお互いである。それも知識を持てるものが，知識を持たぬものを教えてゆく意味では，或いは一方が与えるだけである。しかし，人が人に触れてゆく意味では，両方が，与えもし与えられもする。
> 　幼稚園では，与えることより触れ合うことが多い。しかも，あの純真善良な幼児と触れるのである。こっちの与えられる方が多いともいわなければならぬ。
> 　与える力に於て優れているのみでなく，受くる力に於ても，先生の方が幼児より優れているべき筈である。その点に於て，幼児が受くるよりも，より多くを先生が受け得る筈でもある。
> 　幼稚園で，より多く教育されるものは，——より多くといわないまでも，幼稚園教育者はたえず幼児に教育される。
> 　教育はお互いである（倉橋，2008：47。一部ルビを追加した）。

（1）学び続けるために

　これまで触れてきたとおり，保育者は常に学び続ける人である必要がある。なぜなら保育の知識も技術も目まぐるしく変化するからである。保育者養成校で学んだことが，生涯にわたって現場で使えるわけではない。日々アップデートしていく必要がある。そのためにも，保育現場では，園外，園内研修が盛んにおこなわれている。保育者の専門性は免許と資格の取得に完成するものではなく，継続的な学びを続けることにより可能となる。専門的な研修の機会を通して，園外の同業者との交流もまた，自分の園の方針とは異なった考え方に触れる機会となるだろう。継続的な学習を通して，国の方針や最新の研究について触れておく必要がある。このことが，目の前の保育の質を向上させていくと

ともに，あなた自身を成長させるのである。

　実習での経験があるとはいえ，就職して一年目というのは，すべてが初めての体験となる。その一年を乗り越えることで，キャリアは積み重なっていく。保育の世界では「3年たつと中堅」ともいわれる（無藤，2009：163）。つまり，現場での対応はひととおり身についているということである。保育では毎日が同じではなく，予想外のことが起こる。そのなかで，臨機応変に対応していくことが最初の数年は大切になる。この一年目から三年目の間は「その前に持っていなかったもの，あるいは身についていないものが身につく過程」ともいわれる（無藤，2009：164）。

　もちろん，保育において計画を立てることは保育実践において重要である。「目的を持った意図的いとなみ」である以上，「子どもの発達の過程を見通した計画性」が求められるからである（小川，2016：12）。

　保育計画については，PDCA サイクルという用語で振り返りまでを示すことがある。P は計画（Plan），D は実行（Do），C は確認（Check），A は対策（Action）を意味している。つまり，子ども理解をしたうえで，保育計画を作成し（P），実行に移し（D），保育を振り返り（C），次の保育へと活かしていく（A）流れである。

　日々，保育者は，計画が計画通りにならないなかで，軌道修正しながらも，子どもの様子を考えて保育を行っていくことが求められる。ただし，実習とは異なり，少なくとも一年を通して中長期的に保育を考えることが可能となる。多様な視点から同僚より意見をもらったり，自らも考えたりすることで，保育を緩やかに計画していくことができるだろう。このとき，保育計画を見失わないために必要なことを，小川は，「生活の核」と示している。「生活の核」とは，「その日の生活において子どもたちに体験してほしい事柄，子どもの育ちにとって大切なこと」を意味している（小川，2016：13）。子どもが主体となって生活をすることを軸に置くと，保育者の都合や，園の都合ではない答えがみえてくるだろう。

（2）教える立場に立つということ

　保育者になったら，早ければ一年目より実習生の指導，二年目以降は新人保育者の指導を行う。分かっているつもりのことも，教えることにより，本当に自分が分かっていたのか戸惑うこともあるかもしれない。その機会もまた，自らの専門性を学びなおすチャンスとなる。学んだことに再び向き合うことで，学びは深まっていくのである。教えることを恐れず，学び続ける者でありつづけてほしい。

　保育者は，「10年をすぎると，熟達者」ともいわれる（無藤，2009：173）。ただ，熟達とは，「経験年数とともに，そのなっていくプロセスが問題」となる。単に年数のみ重ねても意味はなく，自ら学び続ける者である必要がある。そのためにもさきに触れた反省的実践が必要となるのである。その日の反省だけでなく，一旦その出来事から距離を置いたり，同僚と共有したりすることで，対話を試みることも試してほしい。また，研究会や研修において異なる職場の同業者と対話することから解決策が見えることもある。保育において起こったことを，そのまま流し去るのではなく，継続的に，ときに断続的に考え続けることが重要となるだろう。年齢や経験だけで，熟達できるわけではない。熟達は，「経験年数とともに，そのなっていくプロセス」が大切であり，「絶えず上に上がっていけるという向上プロセスを自分の中に持っている」ことが求められるのである（無藤，2009：173）。

　以上のように，保育者の専門性は多岐にわたり，一朝一夕に完成するものではない。しかしながら，日々の保育に真摯に向き合い，学び続けることで確実に積み重なっていくものである。最初は自らの専門性の深化は分からないかもしれない。数か月，半年，一年と振り返ることで，自らの成長を確認できるようになっていくだろう。そのためにも，日々，「いきいきしさ」を忘れないでほしい。「いきいきしさ」とは，倉橋の文章の一節にあることばである。保育にも大切であるが，人生においても大切なものとなる。最後にその文章を添えて，本章の終わりとする。

いきいきしさ

　子どもの友となるに，一番必要なものはいきいきしさである。必要というよりも，いきいきしさなくして子どもの傍にあるのは罪悪である。子どもの最も求めている生命を与えず，子どもの生命そのものを鈍らせずにおかないからである。

　あなたの目，あなたの声，あなたの動作，それが常にいきいきしていなければならないのは素より，あなたの感じ方，考え方，欲し方のすべてが，常にいきいきしているものでなければならない。どんな美しい感情，正しい思想，強い性格でも，いきいきしさを欠いては，子どもの傍に何の意義をも有しない。

　鈍いものは死滅に近いものである。一刻一刻に子どもの心を 蝕み 害わずにいない。いきいきしさの抜けた鈍い心，子どもの傍では，このくらい存在の余地を許されないものはない（倉橋，2008：31。一部ルビを追加した）。

引用・参考文献

秋田喜代美（2013）「総論　保育者の専門性の探究」『発達』134，14-21頁，ミネルヴァ書房．

岩瀬直樹・寺中祥吾（2014）『せんせいのつくり方』プロジェクトアドベンチャージャパン監修，旬報社．

厚生労働省（2017）「平成29年　保育所保育指針」https://www.mhlw.go.jp/file/06-Seisakujouhou-11900000-Koyoukintoujidoukateikyoku/0000160000.pdf（2023年8月4日閲覧）．

倉橋惣三（2008）『倉橋惣三文庫③育ての心（上）』津守真・森上史朗編，フレーベル館．

文部科学省（2017）「平成29年　幼稚園教育要領」https://www.mext.go.jp/content/1384661_3_2.pdf（2023年8月4日閲覧）．

無藤隆（2009）『幼児教育の原則』ミネルヴァ書房．

内閣府・文部科学省・厚生労働省（2017）「平成29年 幼保連携型認定こども園教育・保育要領」https://www8.cao.go.jp/shoushi/kodomoen/pdf/kokujibun.pdf（2023年8月4日閲覧）．

名須川知子（2016）「保育者の倫理」『保育学講座④』日本保育学会編，東京大学出版会，89-106頁．

小川清実（2016）「序」『保育学講座④』日本保育学会編，東京大学出版会，7-25頁．

D. A. ショーン，柳沢昌一・三輪建二訳（2007）『省察的実践とは何か』鳳書房．

第10章

子育て支援

　この章では，少子化が進む日本において，ますます重要となっている子育て支援の背景，政策，方法について学ぶ。保育者には，子どもの健やかな心身の発達を促す「保育の専門性」と，保護者の子育てを親子の近くで支える「保護者支援の専門性」との両方が求められている。子育て支援の基本，政策の変遷，保育所等における保護者支援，および地域における子育て支援を知り，世界における子育て支援の実践例も参考にしながら，これからの時代に求められる子育て支援の姿について考える。

第1節　子育て支援が必要な時代

（1）子どもと子育て家庭を取り巻く社会環境の変化

　近年の日本の社会環境の大きな変化が，子育てと子育て家庭に影響を与えている。日本では従来，子どもを産み育てることは，個々の家庭の私事とされていたが，1980年代以降，地域のつながりの希薄化や核家族化[*1]，少子化，父親の不在，児童虐待の増加などの社会情勢の変化から，社会全体で子育てを支える必要性が認識されるようになった（柏木・森下，1997：27）。

　特に1995年以降の共働き世帯の増加や2020年からの世界的な新型コロナウイルス感染症のパンデミックも，子育て家庭に大きな影響を与えた。感染リスクを避けるための外出自粛，子育て家庭向けの多くの地域の集まりや行事の中止

＊1　核家族：核家族（nuclear family）とは，夫婦とその未婚の子どもからなる家族のことである　日本では，核家族化も主流であるが，単独世帯の増加も著しい。（内閣府『平成18年版少子化社会白書』）。

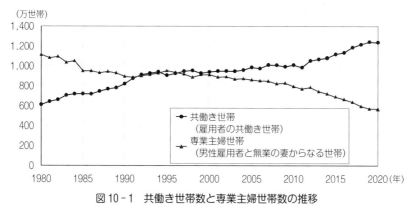

図10-1　共働き世帯数と専業主婦世帯数の推移

出所：厚生労働省『男性の育児休業取得研修資料』p. 4 https://ikumen-project.mhlw.go.jp/company/
training/download/training_young2022.pptx

や縮小など，子育て仲間を作る機会は喪失し，子育ての孤立化と子育ての負担
の増大に拍車をかけることとなった。

（2）子育て支援の対象

　保育所に子どもが通っている家庭の母親よりも，母親が就労せずに在宅で子
育てをしている専業主婦家庭の母親の方が育児不安が強いという調査結果があ
る。育児不安が強すぎる場合は児童虐待につながる可能性があるが，家庭の困
りごとは家庭内で解決するという意識から周囲に支援を求めることが難しく，
社会からの支援が必要な場合がある。さらに産後のサポートが必要な母親，一
人親家庭，ヤングケアラーなど，多様な子育て家庭が支援を必要としている。
　また地域全体で子育てを楽しむための子育て支援や，問題が深刻化する以前
の予防的な支援も重要である。したがって子育て支援の対象となるのはすべて
の子育て家庭であり，そのニーズは多岐にわたる。

＊2　在宅子育て家庭の不安：小学校入学前の第一子を持つ女性を対象に行われた調査では，育児の
　　自信がなくなることが「よくある」または「時々ある」と答えた人の割合が有職者で50%，専
　　業主婦で70%に達している（経済企画庁（当時）「平成9年度国民生活選好度調査」）。
＊3　ヤングケアラー：家族にケアを要する人がいるために，家事や家族の世話などを行っている，
　　18歳未満の子どものこと。

（3）子育て支援の担い手

　歴史を辿ると，江戸時代には実の親以外に，生まれた子どもに名前をつける「名付け親」，実の母親に代わって子どもに授乳する「乳母」，男児が5歳になったときのお祝いの際に袴の腰紐を結ぶ「袴親」などがいた。子どもの死亡率が高かったこともあり，子どもを宝とみなし，祖父母や親戚，地域ぐるみで子育てをする文化があった（中江，2007：32，59）。

　その後，日本の近代化や都市部への人口移動に伴い子育ては家庭内のことと考えられるように変化してきたが，再び子どもを「社会の宝」と考え，地域社会，保育者，行政関係者，さらには親の職場の関係者など，いろいろな人が親子と関わりながら子どもを見守り，支え合う社会となることが目指されている。

（4）アロマザリングと子育て支援

　ニホンザルやオナガザルなどの動物は，母親以外の個体による世話行動をすることで知られ，これはアロマザリングと呼ばれる。同じく霊長類であるヒトも仲間と共に子育てをし，アロマザリングが発達しているという特長を持ち，この共同育児は母親を助けるだけでなく子どもにとっても発達上の多くのメリットがある（根ヶ山・柏木，2010：2-3）。

　ところが現代は少子化が進んだ結果，同年齢の子どもや子育て仲間が見つけられず，相談できる人が周りにいないなど社会から孤立した中での子育てになりやすい。しかも，子育てにお金がかかる，仕事と家庭との両立が難しい，子育てに関する情報が溢れて混乱するなど，子どもを育てる家庭を取り巻く環境は厳しく，複雑化している。子育て支援は，このような社会環境のなかで子どもを育てる親への共感から始める必要がある。

第2節　保育施設における子育て支援

（1）保育者による子育て支援の制度化

　2001年には児童福祉法の一部改正によって「子育て支援」という言葉が制度上はじめて使用され，保育者の業務の一つとして保護者（親）に対する「保育

に関する指導」が加えられた。

◇児童福祉法第18条の 4

　この法律で，保育士とは，（中略）保育士の名称を用いて，専門的知識及び技術をもつて，児童の保育及び児童の保護者に対する保育に関する指導を行うことを業とする者をいう。

◇児童福祉法第48条の 4 第 1 項

　保育所は，当該保育所が主として利用される地域の住民に対してその行う保育に関し情報の提供を行い，並びにその行う保育に支障がない限りにおいて，乳児，幼児等の保育に関する相談に応じ，及び助言を行うよう努めなければならない。

　さらに2008年以降は，「保育所保育指針」第 3 次改訂で保育所における地域の子育て家庭への事業内容が示され，子育て支援事業が定義づけられた。保育所における子育て支援は，子どもの健やかな育ちのために家庭との「連携」を大切にし，家庭の状況に丁寧に寄り添うことから始めることが望ましい。

（2）保育の専門性と子育て支援の専門性

　保育者には保育の専門性と同時に，子育て支援への専門性が求められる。保育の専門家として親子の育ちを見守り，保護者と共に子どもの成長を喜び合い，応援することができる立場にある。保護者と信頼関係を築き，子どもを中心に温かな対話を重ねることが，親子の笑顔を増やす子育て支援につながっていく。

　一方で，保育所における子育て支援は「子どもの最善の利益」を守るために，それぞれの保護者の置かれている状況や抱えている不安に丁寧に耳を傾けると同時に，子どもを中心とした支援を行うことが大切である。普段から保護者との信頼関係の構築を心がけ，保護者に不適切な養育や虐待の疑いがある場合には，状況に応じて関係機関との連携のもとに「子どもの最善の利益」を重視した支援と虐待の予防のために行動することが求められる。

（3）保育所の特性を活かした子育て支援

　厚生労働省「保育所保育指針解説」（平成30年 2 月）には，保育所における子育て支援として以下のように具体例が挙げられている。

保育所の特性を活かした子育て支援
1．日々のコミュニケーション；保護者との継続的・長期的なかかわりがある
2．相談・助言；保育士・看護師・栄養士等の様々な専門職が配置されている
3．保護者が参加する行事や保護者の自主活動；日常の保育や子どもの様子，課題
　を伝える機会，保護者同士の交流の場
4．保育環境；子どもの発達に適した保育環境がある
5．連携；公的施設としてさまざまな社会資源との連携が可能である
（参考：厚生労働省「保育所保育指針解説」（平成30年2月）

　保育所や園における子育て支援とは，保護者への共感からくる思いやりの心を土台にしているともいえよう。子どもの送り迎えのときの何気ない保育者との会話で，保護者の気持ちが明るくなり，子育ての喜びを実感できる機会になる場合もある。保育施設には在園の保護者同士をつなぐ役割があり，これも子育て支援の一つである。たとえば，園のクラス保護者会を連絡事項の伝達だけに終わらせずに，保護者の出身地や趣味を一言添えながら自己紹介をしてもらうなど，保護者同士の距離が縮まるための保育者の工夫も大切である。

（4）園による地域の子育て家庭への支援

　地域の保育所の園外にしつらえられた掲示板に，「園庭開放」「子育て相談」「一時保育」の案内ポスターを目にすることがある。園には，普段は保育所を利用しない地域の親子に対する子育て支援を行い，地域の子育ての拠点となることも求められている。家庭で子育てをしている親子が，園の行事等に参加して保育者や他の保護者と会話をしたことがきっかけとなり，地域とのつながりが生まれることがある。

（5）他機関との地域連携

　保育所が地域の専門機関と連携し，在園児や地域の親子の個別ニーズに対応するためには，地域の機関や場所についての普段からの情報収集が重要である。例として地域の保健センター，市町村の関係機関，児童相談所，配偶者暴力相談支援センター等との連携が考えられる。また子どもに発達の遅れの傾向があ

る場合は保護者の同意を得た上で，療育機関の専門家と協力して対応を検討することもあり，外国籍の親子に対しては国際交流センターや児童委員，民生委員との連携が考えられる。このように，保育所は地域のネットワークをつなぐ役割を果たすことが期待されている。

第3節　地域の子育て支援

（1）地域子ども・子育て支援事業の展開

　子ども・子育て支援法第59条では，地域における子育て支援として次の13の事業を規定している。具体的には，a.利用者支援事業，b.地域子育て支援拠点事業，c.妊婦健康診査，d.乳児家庭全戸訪問事業，e.養育支援訪問事業，子どもを守る地域ネットワーク機能強化事業，f.子育て短期支援事業（短期入所生活援助事業，夜間養護等事業），g.子育て援助活動支援事業（ファミリー・サポート・センター事業），h.一時預かり事業，i.延長保育事業，j.病児保育事業，k.放課後児童健全育成事業（放課後児童クラブ），l.実費徴収に係る補足給付を行う事業，m.多様な主体が本制度に参入することを促進するための事業のことである。この13事業について，国は「子ども・子育て支援交付金」として市町村に対して財政的な支援をしている。さらに仕事・子育て両立支援事業として，企業主導型保育事業，ベビーシッター等利用者支援事業もあり，子育て家庭の多様なニーズに届く支援が目指されていることがわかる。

　ところで，こうした多くの子育て支援策を具体化するためには，それを担う人材の確保が不可欠である。保育士や専門職以外にも，「子育て支援員」を研修によって養成し，地域の子育て支援の担い手を増やす取り組みがある。

（2）地域に根づいた子育て支援の実際

　市区町村が設置する常設の子育て支援センター等以外にも，個人や大学，NPO 団体による地域の親子向けの子育て広場が開催される場合もある。

　A市の住宅街に住むAさんは，自宅の一室におもちゃや絵本を準備して，地域の親子のための遊び場として開放している（図10-2・図10-3）。ときには

図10-2 自宅での子育て支援の場

出所：おうちサロンひなた提供

図10-3 地域の人に見守られながら遊ぶ

出所：おうちサロンひなた提供

図10-4 大学内の子育て支援ルーム

出所：筆者撮影。

図10-5 外国籍の親と学生との対話

出所：筆者撮影。

手づくりのお菓子や味噌汁を提供し，親子がほっとできる居場所を作ることで，子育てに起因する悩みの深刻化を予防する役割を果たしている。

またB市の保育者養成の学科を持つ大学では，学内の子育て支援ルームで，海外にルーツを持つ親子対象の多文化子育て支援ひろばを不定期で開催する（図10-4・図10-5）。外国籍の親子との遊びや対話は，保育を学ぶ学生にとっても貴重な学びの機会となっている。

第4節　子育て支援の歴史と制度

ここからは子育て支援にまつわる社会情勢や制度に注目し，行政が実施して

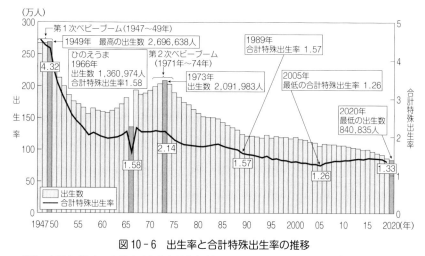

図10-6　出生率と合計特殊出生率の推移

出所：内閣府『令和4年版少子化社会対策白書』5頁。https://www8.cao.go.jp/shoushi/shoushika/whitepaper/measures/w-2022/r04pdfhonpen/pdf/s1-2.pdf

きた少子化対策や子育て支援，待機児童問題について述べる。

（1）少子化対策から子育て支援へ

　1950年代の日本では，若者世代の都市への移動と就職が盛んとなり，地域のつながりは希薄化した。1960年代に日本は高度経済成長期を迎え，合計特殊出生率[*4]も上昇したが，その一方で結婚または第一子の妊娠のタイミングで退職する女性の多くが専業主婦となり「男は仕事，女は家庭」という男女の性別役割分業が固定化した。女性は結婚・育児，または仕事の二者択一を迫られる時代であり，子育ての負担が母親に集中したことも影響し，1975年以降に少子化の兆しが見られ始めた。

　1990年代に出生率の低さに危機感を抱いた政府は子育て支援策を推進し，「エンゼルプラン」[*5]や「新エンゼルプラン」[*6]，2002年の「少子化対策プラスワ

---

*4　合計特殊出生率：「15-49歳までの女性の年齢別出生率を合計したもの」で一人の女性がその年齢別出生率で一生の間に生むとしたときの子どもの数に相当する（厚生労働省）。

*5　エンゼルプラン：1994年に文部・厚生・労働・建設（すべて旧省庁名）の4大臣合意によって策定された「今後の子育てのための施作のための基本的方向について」と題する子育て支援10か年計画案。

ン」，2003年「少子化社会対策基本法」等の保育施策を次々と立案した。しかし保育所の不足や待機児童問題[*7]の深刻化，女性の晩婚化や未婚化も進み，少子化に歯止めはかからなかった。その後ますます子育て支援の必要性が認識され，「次世代育成支援対策推進法」などの法律の制定等，子育て世代の働き方（ワーク・ライフ・バランス）に関しても多くの対策が講じられた（内閣府，2022）。

（2）「子ども・子育て支援新制度」の設立

　少子化対策は，2010年の「子ども・子育てビジョン」に引き継がれ，2012年には「子ども・子育て関連3法」が成立した。この3法に基づき，「子ども・子育て支援新制度」がスタートした。この制度では，保護者が子育てについての第一義的責任を有するという基本的認識のもとに，幼児期の教育・保育と地域の子育て支援を総合的に推進することが目指された。具体的には，待機児童の解消，人口減少地域での教育・保育の需要への対応，認定こども園の改善，すべての子育て家庭を対象とした地域子育て支援の充実などが含まれる。

　少子化は日本の将来にとって深刻な問題ではあるが，結婚や出産，フルタイムの仕事の継続については，本来，国によって決定されるものではなく，個人の選択に任せられるものである。しかし結婚や出産を望んでいるにもかかわらず，社会的な要因によって希望がかなえられない状況がある場合は，それを取り除く方策を自治体や地域全体で考えていく必要がある。

（3）待機児童問題の現状

　これまで待機児童問題解消のために多くの保育所での定員増や認定こども園の開設，地域型保育の拡充など量的整備が進められてきた。その甲斐もあって2018年以降は待機児童が減少している[*8]。理由としては，就学前人口の想定以上

＊6　新エンゼルプラン：1999年「少子化対策推進関係閣僚会議」で決定された「少子化対策推進基本方針」に基づき策定された，重点的に推進すべき少子化対策の具体的実施計画。
＊7　待機児童：正式には，保育所等利用待機児童。保育の必要性の認定（2号又は3号）がされ，特定教育・保育施設（中略），又は特定地域型保育事業の利用の申込がされているが，利用していないもの（厚生労働省）。

の減少により申込者が想定を下回ったこと，コロナ禍によって保育所利用を控えたことや育児休業期間の延長などが挙げられる。保育を必要とする地域が偏在し，保育ニーズや必要整備量の見極めの難しさなどもある（厚生労働省，2021：6）。

　これからは，待機児童の解消という保育の量の問題だけでなく，保育士一人当たりの子どもの人数の適正化など，より質の高い保育を実施することに向けた取り組みが期待される。

第5節　子育て支援の広がり

（1）多様な子育て支援の方法

　家庭状況の多様化に伴い，地域の実情や子どもの年齢や親の就労状況に応じて，多くの子育て支援事業が用意されている。子どもや子育てに関する行政機関は，厚生労働省（保育所），文部科学省（幼稚園），そして内閣府（認定こども園，地域型保育）と3つの省庁に分かれ，表10-1，表10-2に示す保育を提供している。

（2）こども家庭庁の設立

　さらに2023年4月に，主に子どもや家庭に関する政策の立案や実施を担当する機関として，こども家庭庁がスタートした。その目的は，子どもたちの健やかな成長や家庭の安定を支援し，社会全体の幸福度向上に貢献することとある。こども家庭庁の具体的な業務内容としては，政策の策定と実施，情報提供と啓発，調査研究とデータ収集，施設やサービスの整備，国際連携がある（こども家庭庁，2023）。新規の省庁であり，子どもたちの権利が尊重される社会の実現に向けた新しい取り組みが期待される。今後の動向に着目したい。

＊8　厚生労働省「保育所等関連状況取りまとめ（令和4年4月1日）」。https://www.mhlw.go.jp/stf/newpage_27446.html

表10‐1　保護者の状況による子育て支援の種類

保護者の状況	子どもの年齢		
	0‐2歳	3‐5歳	小学生
仕事や介護などで子どもを見られない日が多い（家庭以外での保育が必要）	・保育所 ・認定こども園 ・地域型保育（家庭的保育，小規模保育等）	・保育所 ・認定こども園	・放課後児童クラブなど
普段家にいて子どもと一緒に過ごす日が多い	・一時預かり ・地域子育て支援拠点など	・幼稚園 ・認定こども園 ・一時預かり ・地域子育て支援拠点等	
すべての子育て家庭	・利用者支援，・乳児家庭全戸訪問 ・ファミリー・サポート・センター，・子育て短期線事業 ・養育支援訪問　など		

出所：政府広報オンライン2022をもとに著者作成。https://www.gov-online.go.jp/useful/article/201510/1.html（2023.7.9情報取得）

（3）男女共同参画に向けた政府の取り組み

　男女共同参画と女性の活躍は，社会の多様性と持続的な成長に欠かせない要素である。男女共同参画社会を実現するためには，女性が社会で活躍する場を増やすと同時に，男性が家庭や地域での役割を果たしやすい環境を整える必要がある。コロナ禍を契機に働き方の見直しが進んでおり，父親の育児休業取得率の増加および取得期間の長期化等も望まれる。

　石井は，「父親は『なぜ，育児や子育てをしないのか』ではなく，『どのような環境や意識があれば育児・子育てに関わることができるのか』ということに関する視点を持つ必要」があると指摘する（石井，2013：143）。近年，日本の父親育児休業制度の取得率は上昇しており，若者を中心に子育てや家庭に関する男女の意識も変わってきている。今後多様なライフスタイルを追求できる社会になるために，多様な視点を持ちながら男女平等社会の実現に向けた議論をさらに深めていくことが必要である。

表10-2　保育施設のタイプと特徴

保育施設	子どもの年齢			
保育施設のタイプ	特長	利用時間		利用できる保護者
幼稚園（3-5歳） 1号認定	小学校以降の教育の基礎を作るための，幼児期の教育を行う学校	昼過ぎ頃までの教育時間に加え，園により午後や土曜日，夏休みなどの長期休業中の預かり保育などを実施		制限なし
保育所（0-5歳） 2号認定（3-5歳） 3号認定（0-2歳）	就労などのため家庭で保育のできない保護者に代わって保育する施設	夕方までの保育のほか，園により延長保育を実施		共働き世帯，親族の介護などの事情で，家庭で保育のできない保護者
認定こども園（0-5歳） 1号認定（3-5歳） 2号認定（3-5歳） 3号認定（0-2歳）	幼稚園と保育所の機能や特長をあわせ持ち，地域の子育て支援も行う施設 ※3-5歳は保護者の就労状況に関わりなく教育・保育を一緒に受ける 保護者の就労状況が変わっても通いなれた園を継続して利用できる	0-2歳	夕方までの保育のほか，園により延長保育を実施	共働き世帯，親族の介護などの事情で，家庭で保育のできない保護者
		3-5歳	昼過ぎ頃までの教育時間に加え，保育を必要とする場合は夕方までの保育を実施園により延長保育も実施	1号認定は制限なし，2号認定は家庭で保育のできない保護者
地域型保育（0-2歳）　4つのタイプ	小人数の単位で0-2歳の子どもを保育する，市区町村の認可事業	夕方までの保育のほか，園により延長保育を実施		共働き世帯，親族の介護などの事情で，家庭で保育のできない保護者
3号認定　家庭的保育（保育ママ）	家庭的な雰囲気のもとで，小人数（定員5人以下）を対象にきめ細やかな保育を行う			
小規模保育	小人数（定員6-19人）を対象に，家庭的保育に近い雰囲気の下，きめ細やかな保育を行う			
事業所内保育	会社の事業所の保育施設などで，従業員の子どもと地域の子どもを一緒に保育する			
居宅訪問型保育	障害・疾患などで個別のケアが必要な場合や，施設がなくなった地域で保育を維持する必要がある場合などに保護者の自宅で，1対1で保育を行う			

出所：政府広報オンライン2022をもとに著者作成。https://www.gov-online.go.jp/useful/article/201510/1.html（2023.7.9情報取得）

第6節　世界の子育て支援——子育てしやすい国を目指して

　ここからは，子育てしやすい国として知られる世界の国において，どのような子育て支援が実施されているのかを検討する。

(1) 父親の育児を促進する政策——ノルウェー

　ノルウェーは，1960年ごろまでの男性優位な保守的な社会から，1970年代以降に男女平等な社会への変革を成功させた国の一つである。その変革の過程では，女性の就業を奨励する労働政策だけでなく，父親にも育児の機会を保障するための育児休業制度の拡充が行われた（ノルウェー大使館 HP）。

　1977年の父親の育児休業制度の開始以来，利用率を上げるために1993年には父親のみが取れるパパ・クオータ[*9]を制定し，父親が取得しない場合には休業の権利が消滅する仕組みに変更するなどの改変を重ね，2021年には父親の育児休業制度完全取得率は62.9％に達している[*10]（Statistisk sentralbyrå, 2021）。この制度により政府は，子どもの誕生のときから父親の育児参加を促進し，その後も積極的に子育てすることを奨励している（石井，2002：95）。

　また，政府は男性の家庭内での役割の変化を促すために，2008年に『男性と男性の役割の平等白書』（Barne-og Likestillingsdepartementet, 2008）を発行した（図10‐7）。この白書では，父親が育児休業を取得し，積極的に育児に参加することが家庭内の男女平等や親子関係の向上に寄与すると強調されている。このように，ノルウェーでは男性が子育てに主体的に関与しやすい環境を整えることで，家庭内の男女平等や子どもたちの幸福が目指されている。

　父親の育児休業制度は，子どもが父親と一緒にいる権利を保障する制度でも

[*9]　パパ・クオータ：クオータとは割り当て制の意味。父親のみに認められた育児休業制度のこと（石井，2002：95）。

[*10]　ノルウェーの父親の育児休業制度：ノルウェーの育休制度は給与額の100％が補填される期間が母親と父親を合わせて49週あり，80％補填の場合には，59週取ることができる。そのうち，パパ・クオータの15週は，父親のみが取得できる権利を持ち，残りの16週は両親のうちどちらが取得してもよい（ノルウェー大使館 HP）。

図 10 - 7 　『男性と男性の
　　　　 役割の平等白書』
出所：Barne-og Likestillings-
departementet (2008)

図 10 - 8 　子どもと遊ぶノルウェーの父親
出所：筆者撮影。

ある。ノルウェーは充分な数の保育所を整備し，子どもを育てる親が安心して
働ける環境を整えると同時に，家族と一緒にいる時間を子どもと親とに保障す
る子育て支援政策を推進してきたといえる。

（2）生まれる前からの切れ目ない支援——フィンランド

　フィンランドは，充実した子育て支援をしている国として注目されている。
なかでも，「ネウボラ」を中心とする母子保健には学ぶ点が多い。日本では妊
婦健診は病院，子どもの健診や予防接種は保健所，子育て支援は保育所や子育
て支援ひろばというように担当施設が分かれていることが多いが，フィンラン
ドではネウボラが一括して子育てを応援する施設となっている。
　ネウボラ（neuvola）とは，地域の妊産婦とその夫（パートナー），およびすべ
ての子育て家庭を対象に，地方自治体が実施主体となり，妊娠期から就学前ま
での子どもの成長と発達，家族全体の心身の健康のサポートサービスを提供す
る施設である（横山・Hakulinen, 2018：14）。まずフィンランドでは，妊婦は妊
娠に気づいた時点でネウボラを訪れ，健診を受ける。ネウボラでは母子保健に
特化した専属のネウボラ保健師が担当として決まると，小学校に通う年齢にな
るまで，原則は同じ保健師が継続して親子の健康を見守る仕組みが整えられて

図 10 - 9　育児パッケージ（2023年度版）の内容
出所：©Kela

図 10 - 10　新生児用ベッドになる
育児パッケージの箱
出所：©Hanami Suzuki

図 10 - 11　ネウボラ保健師による健診
出所：Kimmo Brandt ©Helsinki city

図 10 - 12　ネウボラ保健師と親子
出所：Kimmo Brandt ©Helsinki city

いる。妊婦健診や子どもの健診など定期的な健康診査，育児相談，言葉の遅れ
があったときなど専門機関となる他機関との連携のコーディネート，問題の早
期発見と予防，家族の健康相談など，地域で安心して子育てできるための多く
の役割を担っている。

　フィンランドでは，出産時に無料で育児パッケージ（Maternity package）と
呼ばれる育児グッズセットが KELA（フィンランド社会保険庁）から母親手当と
して提供される。デザイン性のある箱の中に，新生児の服やおむつ，ミルク，

＊11　フィンランドの母親手当は，親の性別に関係なく養子を含む子どもを迎える家庭が受給可能で
　　　ある。妊婦健診受診を条件に，育児パッケージもしくは現金170ユーロを受け取ることができ
　　　る（フィンランド大使館 HP）。

哺乳瓶など，多数の育児のアイテムがセットされ，箱はベビーベッドとしても使用できる。この育児グッズセット支給の制度は乳児死亡率の減少と妊婦健診への動機づけに役立ち，出生前のリスクの早期発見に貢献している（横山・Hakulinen, 2018：5）。

またネウボラは医療機関や保育所等と隣接していることが多く，親子がネウボラにたびたび足を運ぶ中で，地域に居場所を見つけ，孤立せずに子育てをすることも意図されている。フィンランドでは，妊産婦や子どもの問題をできる限り早く把握し，地域ぐるみで他機関と連携しながら，自治体主導で切れ目なく行う子育て支援が行われている。[12]

（3）親グループによる支え合いの子育て──ニュージーランド

ニュージーランドのプレイセンター（Playcentres）は，教師主導ではなく，地域の未就学児の親たちでネットワークを作り，子育て仲間と共に，国のナショナルカリキュラムのティ・ファリキの理念に沿った保育を行う。[13] 運営も親グループであり，子どもの育ちだけでなく親の育ちにも重点が置かれている。「『家族は共に成長する』という理念のもとで保護者が子どもの養育力を向上させながらセンターの指導者としても養成されるという独自の学習プログラムを提供」している（七木田, 2015：120）。

ニュージーランドには，プレイセンターの他にも，親とボランティアによって運営されるコミュニティベースのプレイグループ（Playgroups）や，テ・レオ・マオリ（マオリ語）とティカンガ（マオリ文化）による学習を奨励するプレイグループ（Ngā Puna Kōhungahunga）もある（Playcentre Aotearoa HP）。このように，ニュージーランドでは，子育てをする親の主体性を尊重した多様な保育形態が認められており，親自身が子育てを楽しむ姿勢にもつながっている。

---

*12　日本においても，地域によって日本版ネウボラや，子育て支援包括センターなどの名称で，類似した取り組みが始まっている。日本における母子保健は，主に若年妊娠や高齢出産などハイリスクの母親の早期発見と支援に重点が置かれてきたが，どの妊婦にも同じサービスを行う，すべての子育て家庭向けの支援が少しずつ広がってきている（土屋ら，2021：6）。

*13　ティ・ファリキ（Te Whāriki）：ニュージーランドの先住民マオリの言葉で「編んだ敷物」の意。4つの原理と5つの領域からなる。

図10-13　プレイセンターでの遊び　　　　図10-14　プレイセンターでの親子
写真協力：www.playcentre.org.nz　　　　　　写真協力：www.playcentre.org.nz

（4）次世代育成と未来への希望

　子どもは未来に向かう存在であり，子どもが健やかに育つ社会は人々が次世代育成を通じて未来に希望をもって生きる社会ともいえる。子どもの周りには自然と笑顔が生まれることも多い。子育ての負担感，不安感を解消するといった面にとどまらず，子育て支援の持つポジティブな面にも注目し，子育ての楽しさや喜びを社会全体で共有できる子育て支援が求められている。

引用・参考文献

Barne-og Likestillingsdepartementet (2008). *No. 8 to the Storting-Om Menn, mannstroller og likestilling*. BL.

フィンランド大使館ホームページ　https://finlandabroad.fi/web/jpn/ja-finnish-childcare-system（2023年7月1日閲覧）.

石井クンツ昌子（2002）「ノルウェーのパパクォータ制度——特別企画 育児不安，諸外国に学ぶ子育て支援」『こころの科学』103, 95-101頁.

石井クンツ昌子（2013）『「育メン」現象の社会学——育児・子育て参加への希望を叶えるために』ミネルヴァ書房.

柏木惠子・森下久美子編著（1997）『子育て広場　武蔵野市立0123吉祥寺地域子育て支援への挑戦』ミネルヴァ書房.

こども家庭庁「こども家庭庁の創設について（2022）」https://www.mhlw.go.jp/content/11900000/000987734.pdf.

厚生労働省「保育所保育指針解説」（平成30年2月）https://www.mhlw.go.jp/file/06-Seisakujouhou-11900000-Koyoukintoujidoukateikyoku/0000202211.pdf（2023年7

月1日閲覧).

厚生労働省「令和3年4月の待機児童数調査のポイント」https://www.mhlw.go.jp/content/11922000/000840529.pdf（2023年7月1日閲覧).

内閣府『男女共同参画白書令和4年版』https://www.gender.go.jp/about_danjo/whitepaper/r04/zentai/html/zuhyo/zuhyo00-07.html（2023年7月1日閲覧).

中江克己（2007）『江戸の躾と子育て』祥伝社.

七木田敦, ジュディス・ダンカン編著（2015）『「子育て先進国」ニュージーランドの保育——歴史と文化が紡ぐ家族支援と幼児教育』福村出版.

根ヶ山光一・柏木惠子編著（2010）『人の子育ての進化と文化——アロマザリングの役割を考える』有斐閣.

ノルウェー大使館ホームページ　https://www.norway.no/ja/japan/（2023年7月1日閲覧).

Playcentre Aotearoa, www.playcentre.org.nz（2023年7月1日閲覧).

澁谷智子（2018）『ヤングケアラー——介護を担う子ども・若者の現実』中公新書.

Statistisk sentralbyrå https://www.ssb.no/en/befolkning/likestilling（2023年7月1日閲覧).

土谷みち子編著, 汐見稔幸, 汐見和恵, 野井真吾, 山本詩子著（2021）『今, もっとも必要なこれからの子ども・子育て支援』風鳴舎.

横山美江・Hakulinen Tuovi（2018）『フィンランドのネウボラに学ぶ母子保健のメソッド——子育て世代包括支援センターのこれから』医歯薬出版株式会社.

第11章

健康・安全と多様な子どもの保育への対応

　子どもたちは，好みや考え，性格など，家庭環境や生育歴など障害の有無にかかわらず一人ひとりの子どもによって「ちがい」がある。保育所は，「ちがい」すなわちそれぞれに「個性」ある子どもたちが，日々の生活や遊びを通して多様な経験を重ねながら，共に育ちあっていく場である。その日々の中で，子どもは心の土台となる個性豊かな自我を形成しながら，共生する社会の基盤を培っていく。

　この章では，このような子どもたちをみる視点を理解した上で，その子らしさを発揮しながら，健康で安全な環境のもとで心豊かに育つ中で，多様性を認め合うことのできる保育のあり方を学ぶ。

第1節　多様な子どもたち

　「十人十色」という言葉があるように，人それぞれに感じ方や受け止め方があり，趣味趣向や得意不得意など，一人ひとり「ちがい」がある。子どもたちも同様に，一人ひとりが異なり，その子ども特有の性質や性格，資質など，「その子らしさ」をもっている。その異なっている「ちがい」すなわち「個性」は，必ずしも優れた特徴のことを指しているわけではない。たとえば，「運動神経抜群」や「記憶力が優れている」，「感性が豊かで絵を描くことが得意」など，多くの人に評価されやすい個性は，スポーツ選手や芸術家，芸能人など，個性が認められたり高く評価されたりしやすい。それとは逆に，「時間が守れない」とか「忘れ物をよくする」，「優柔不断で決められない」といった，短所のように見える個性であると欠点として注目されやすい。しかし，「優柔不断で決められない」ことは，物事に対して多面的に情報収集する力があり，慎重

に取り組み判断することができると言い換えることもできるのである。一般的に，優れた特徴だけが評価されがちであるが，「長所と短所は表裏一体」とよく言われるように，実は短所に見える部分は，見方を変えれば長所として評価できる場合も多くある。

　誕生したその日から，社会の中で生きていく人間として，周りの大人や子どもなどの人的環境，施設や遊具などの物的環境，自然や社会の事象などと相互作用を織り成しながら，発育・発達していくわけである。子どもの発達の道筋やその順序性においては，ある程度一定の方向性が見られる特徴がある。また，身体・運動・社会など様々な側面が，相互に関連しながら総合的に発育・発達していく。しかし，発育・発達の方向性が豊かに広がりゆく発達のプロセスには，一人ひとりのさまざまなドラマがあり，個人差も大きい。たとえば，2歳児クラスの靴を履いて園庭にでる場面においては，同じ月齢・年齢の子どもであっても，環境の受け止め方や環境への関わり方，興味や関心の対象は異なる。自分で靴を手早く履ける子どもや自分でやればできるのに「履かせて」と甘えて自分で履こうとしない子ども，時間はかかっても最後まで自分のペースで履き終える子どもなど，活動のわずかな場面の中でもさまざまな姿が見られる。人は，このような個性や発達による個人差だけでなく，さらには，性別，人種，年齢，国籍，民族，宗教，障害や慢性疾患の有無，生育歴などまでが相俟った，一人ひとり「ちがい」が見られる。また，子どもの家庭環境においても，外国籍家庭や外国にルーツをもつ家庭，ひとり親家庭，貧困家庭等，特別な配慮を必要とする家庭で育っている子どももいる。

　このように，人は「ちがい」をもって生まれ，さまざまな環境の中で育ち行くため，一人ひとりが異なった多様性を兼ね備えた存在なのである。

第2節　個別の支援を必要とする子ども

（1）障害のある子ども

　「しょうがい」という漢字表記について，さまざまな見解があり，当事者や支援者など多くの人の様々な思いが込められている。そして，国としても，法

令等の漢字表記の検討・審議が行われた。さらに，それを受けて，文化庁の国語施策などにおいても，「障害」のほか，「障碍」，「チャレンジド」等で議論された。その結果，統一するのではなく，それぞれの考え方に基づいた表記を用いることが可能であると確認された。本章においては，保育所保育指針(2018)の表記同様に「障害」と漢字表記を用いる。

　代表的な障害には，視覚障害，聴覚障害，知的障害（知的発達症），肢体不自由，病弱・虚弱，重度心身障害，言語障害，情緒障害，複数の障害を併せ有する重複障害などがある。近年，保育所等に在籍し障害を有する子どもの中で発達障害のある子どもが増加している（日本保育協会，2015）。発達障害はいくつかに分類され，自閉スペクトラム症（ASD），注意欠如・多動症（ADHD），学習障害（LD）などが含まれる。

　近年，医療が進歩して，重い病気があっても多くの子どもの命が救える割合が高まり，退院後は家庭の中で医療的ケアを受けながら，生活している子どももいる。「医療的ケア」は，気管切開部の管理，人工呼吸器の管理，吸引，在宅酸素療法，胃ろう・腸ろう・胃管からの経管栄養，中心静脈栄養などがある。全国の医療的ケア児は現在，推定約2万人いて，この10年でおよそ2倍に増えている。その子どもたちを育児している保護者は，昼夜関係なく医療的ケアを行うこととなり，負担は大きい。2021年に「医療的ケア児およびその家族に対する支援に関する法律」が公布・施行され，国や地方公共団体は，医療的ケア児とその家族への支援を実施する責務を負うことが明文化された。そこで，保護者の負担を和らげ，子どもの育ちを支えるために，医療的ケア児が保育を受けられる環境の整備がさらに進められている。

　このような診断のある子どもを保育所等で受け入れるにあたり，通常の職員体制ではその子どもへの適切な支援が難しいこともあるため，障害児に対し，もしくは障害児のいるクラスに対し，適切な対応およびクラス運営のために障害児加配の職員を配置している。また，医療的ケア児を受け入れる場合には，必要となる物的・人的環境の体制を整備するとともに，主治医や嘱託医，看護師等と十分に協議し，救急対応が可能である協力医療機関とも密接な連携を図る必要がある。

（2）障害の診断はないものの特別の配慮の必要な子ども

　保育所や幼稚園，子ども園において，落ち着きがなかったり他児とのトラブルが多かったり，自分の感情をうまくコントロールできなかったりするなど，園生活において集団適応がうまくいかないなど，保育者の個別の配慮や援助が必要で，気がかりに感じる子どもが増えている。いわゆる「気になる子ども」といわれる「多様な子ども」である。そのような子どもの中には，発達障害を抱える子どもも含まれているという。保育所等においては，診断のある子どもよりも，診断は有していないが特別の配慮の必要な子どものほうが多く在籍している現状である。また，配慮を必要とする子どもの中には，家庭環境やまわりの大人に何らかの問題があり，発達が阻害されているケースも生じている。障害のある子どもでなくても，保育者の個別の配慮・援助を多く必要となるケースが生じている。

　「今後の特別支援の在り方について（最終報告）」（文部科学省，2003）において様々な議論がなされ，「障害児教育」から「特別支援教育」へ移行する考えが打ち出された。それ以降，「障害児」ではなく，「特別な支援を必要とする子ども」と称するようになり，これは障害のある子どもと障害のない子どもを区別するのではなく，「子どもは本来，障害の有無にかかわらず支援が必要なときに支援を受ければよい」という理念によって，診断の有無にかかわらず支援を受ける対象は広がっている。

　このような子どもに対し，保育者は，自身の子ども観や保育観，人間性をベースに，どのように保育を展開していけばよいのか戸惑いながらも，支援の方法を模索している。つまり，援助や指導の仕方には，保育者一人ひとり個人差があるといえる。その中で，子どもは保育者や保護者から「個性」を受け止められずに，個人が抱く「手がかかる」とか「目が届かない」という感情で捉えられ，特別扱いされる場合もある。また，その一方で，子どもに対する働きかけの内容が変わっていくことで，気になる子どもだと感じていた子どもが，気にならない存在へと変化していくケースもある。そのため，保育者自身の固定概念のみで捉えて保育にあたるのではなく，職員間や専門機関とチームとなり多角的で柔軟な視点をもつことが重要となる。

（3）アレルギー性疾患のある子ども

　子どもが罹りやすい代表的なアレルギー性疾患には，食物アレルギー，アナフィラキシーショック，気管支喘息，アトピー性皮膚炎，アレルギー性結膜炎，アレルギー性鼻炎などがあげられる。保育所等では，このような子どもへの配慮も個々に応じて行う必要がある。

　保育所などでの生活や遊びの中で，さまざまなアレルギー物質との接触を伴う活動は限りなく生じる。そこで，「保育所におけるアレルギー対応ガイドライン」や「保育所におけるアレルギー対応の基本原則」（2019年度改訂版）に基づき，安全・安心な生活を送ることができるように，全職員を含めた関係者の共通理解のもとで，組織的にアレルギー性疾患の適切な対応を行っている。たとえば，食物アレルギー対応においては安全・安心の確保を優先し，家庭で食べたことのない食物は，基本的に保育所等では提供しないことを原則としている。その他，アレルギーの症状の中には，呼吸器や消化器，神経への症状が見られることもあり，その場合は，「エピペン」（アドレナリン，自己注射薬）の使用や救急車の要請・搬送などのケースもあり，迅速な対応が必要になる。

　このように，アレルギー性疾患に対する基本的原則に基づき，これらの対応を行うためにも，保育者はアレルギーへの対応・対処に関する具体的な方法などを習熟していることが求められる。重大事故を防ぐために，保育者や栄養士などの職員は，役割に応じて施設内外の研修に参加するなどして知識と技術を高めていくことも大切である。

（4）不適切な養育が疑われる子ども

　社会の中で生きていく人間として，子どもの発達において特に大切なのは，人との関わりである。特に子どもにとって養育者との関わりが発育発達に大きく影響を成す存在である。子どもは，身近にいる特定の大人（保護者や保育者等）による愛情豊かで受容的・応答的な関わりを通して，相手との間に愛着関係を形成し，これを拠りどころとして，人に対する基本的信頼感を培っていく（保育所保育指針解説，2018）。しかし，育児放棄など保護者に不適切な養育等や虐待が繰り返される劣悪な家庭環境のもとで育つ子どもの場合は，乳幼児期に

絶対的信頼を寄せる保護者との愛着関係を十分に形成することができない。人間の人生のすべてを左右する対人関係の基盤を培うことが難しい場合は，安心できる安定した関係のもとで，自分の気持ちを相手に表現する機会が乏しく，情緒の安定や言葉，認知，運動など発達に何らかの問題が生じてしまう。この状況下にいる子どもは，全国に存在し，児童相談所における児童虐待の相談対応件数は，年々増加しているという。

　子どもは，自分がかけがえのない存在であり，周囲の大人から愛され，受け入れられ，認められていることを実感する中で，自己肯定感を育んでいく。しかし，子どもがネグレクトや無視，脅迫などの虐待等，不適切な養育等を繰り返し受け続けると，特定の他者から安定した愛情を十分に得られないことにより，他者へどのように愛情表現をすればよいのかわからないまま，生涯にわたって重要となる人と関わり合いながら生きていくための力の基盤と培うことができず，いわゆる愛着障害を抱えてしまう。このような子どもは，自分の存在を承認してほしい要求から，他者に対して暴力や暴言などで表現して自分を主張したり，執拗に甘えて離れなかったり，さらには自己表現が抑制されて無表情や無反応になったりなど，心の発達が阻害され，脳の機能にも問題が引き起こされ，発達障害と似たような行動を見せる。

　このような子どもたちが園生活を通して，安定的に過ごすためにも，保育者の養護的な援助や関わりが子どもの育ちを支える。養護とは，子どもたちの生命を保持し，その情緒の安定を図るための保育者による細やかな配慮の下での援助や関わりを総称するものである。心身の機能の未熟さを抱える乳幼児期の子どもが，この時期にふさわしい経験を積み重ねていくプロセスの中で，一人の人間として尊重され，その命を守られながら情緒の安定を図りつつ，その子らしさを発揮しながら心豊かに育つためには，保育者が，応答的なやり取りを重ねながら，一人ひとりの子どもを深く愛し，守り，支えようとすることが重要である。特に，不適切な養育が疑われる子どもの場合は，園生活における保育者の援助や関わりにより，子どもはありのままの自分を受け止めてもらえることの心地よさを味わい，保育者への信頼を拠りどころとして，心の土台となる個性豊かな自我を形成していくように努めなければならない。

（5） 外国籍家庭や外国にルーツをもつ子ども

　近年，我が国では，外国人労働者が増えており，日常生活で日本語以外の言語を使用している子どもが，保育所や幼稚園等に入園してくることも多くなっている。日々の生活を，外国籍の子どもをはじめ，様々な文化を背景にもつ子どもが共にしている。その際，文化が違えば，習慣も異なり，自分が常識と感じていたことに戸惑ったり，日本語も含めた言語での意志の疎通が難しかったりして，不安や困惑している子ども多い。

　園生活に慣れるまでに言葉や文化等の違いから少し時間のかかる場合もあるが，入園後に他の子どもたちと生活を共にする中で，言葉やジェスチャーを交えながら，コミュニケーションの方法を獲得しスムーズに園生活を送るようになるが，中には知的障害や発達障害などが背景にある子どももいる。その際は，絵カードや物を使ってコミュニケーションを図っていくなど，さらに一人ひとりの子どもの理解できる方法や関わり方を検討する必要がある。

　そのため保育者は，外国籍の子どもの障がいの有無にかかわらず，その子どもが生まれ育ってきた背景を踏まえながら，見通しをもち安心して過ごせるように，一人ひとりの興味や関心を探りながら，コミュニケーションの仕方を工夫するなど，個別の配慮を行う必要がある。その際，関係機関の協力を得ながら，保護者と園が共通理解できるようにさまざまなつながりを築き深めていくことが重要となる。

（6） その他の特別な配慮の必要な子どもとその家庭

　近年，発達障害だけではなく，外国籍家庭や外国にルーツをもつ家庭，ひとり親家庭に育ち経済的な支援が必要な子ども，多胎児，低出生体重児，慢性疾患の子どもや医療的ケアの必要な子どものいる家庭の場合は，保護者は子育てに困難や不安，負担感を抱きやすい状況にある。また，保護者自身が何らかの病気により生活保護を受け生活している家族や，育児放棄や虐待など保護者の不適切な養育が疑われるケース等々，様々な背景のなかで子どもは育っている。

　このような家庭の状況は，複雑化，多様化しており，その子どもの家庭を含めた特別な配慮の必要なケースも増加している。

　虐待などの不適切な育児に追い込まれている状態のサインは，排泄や着替え等を行う場合に，身体に何らかのあざや炎症が見られることがあるので，日頃の保育の中の関わりにおいて，スキンシップを交えながら状態を把握しておく姿勢も大切である。

　また，近年は「子どもの貧困」も話題になっている。ひとり親家庭や何らかの理由により生活保護を受けて生活している家庭の中には，経済的な余裕がなくなって保護者の気持ちもゆとりが無く，子どもに様々な影響が生じていることがある。そのため保育者は，経済的に困難な状況を軽減するための福祉サービスなどを，保護者に適切に伝えていくことも必要である。

　家庭における子育て力が低下しているなどの家庭の状況は，園生活の中で子どもとの直接的な関わりを通じて知ることが多い。たとえば，オムツが取りかえられていなかったり，入浴を行っていない状態が続き昨日と同じ服を着て登園したり，着替えの補充が不足する日が続いたりなど，子どもの心身の状態や行動，衣服等の個々の用品から知り得ることが多くある。また，いつも以上に泣いたり，他害や自傷行為が目立ったりなど，情緒的な不安定さでサインが見られる場合もある。さらに，子どもの年齢が上がると，家庭で行われたことを保育者に話すと，自分が親からさらに悪いことをされるという恐怖心から，ケガや虐待の行為を隠そうとすることもある。

　しかし，その情報だけで親を責めたり追及したりするのではなく，子どもとその保護者を温かく受け入れ「ともに育ちを支える」という姿勢を大切にし，保護者とのつながりを築けるように努めることが重要となる。また，保育者も一人で抱えないで，全職員で子どもや保護者の状況を共有しながら子どもの最善の利益を考慮した連携を図り，子育て支援を行っていくことが重要になる。

第3節　多様な子どもの保育

　保育所や幼稚園において，障害児保育が本格的に受け入れられるようになったのは1970年代を迎えてからである。それまでは，障害があることを理由に，その権利や要求が満たされなかったり，人としての尊厳が保たれていなかった

りする状況に対して，「障害者を排除するのではなく，障害のある人と障がいない人とが，均等に当たり前に生活できるようなノーマルな社会を目指していく」という考え方が唱えられるようになった。

　こうしたノーマライゼーションの理念の影響を受け，「障害のある子ども」の教育・保育のあり方も変化してきた。乳幼児期の子どもは，保育所等に入園し，その園の集団の中で，そのような精神を培うことができる。保育所等において日常生活を共に過ごす中で，様々なちがいのある人と出会い，保育者の仲立ちのもとで次第に互いを仲間として認識し合う関係が育まれていくのである。初めは，数名の気の合う子ども同士の関係から，次第にクラス集団の仲間と互いに協力したり役割を分担したりするなど，集団の一員としての立場や他者との関係を経験する。そして，人や物との出会いの中で様々な感情や考えが芽生え，多様な体験を積み重ねていく中で，心を動かしながら，心身ともに成長していく。その中で，他者と共同する楽しさや達成感を味わったり，それぞれの多様な個性や考えなどに気付いたりする経験を通して，障がいの有無にかかわらず互いを認め合うよう姿勢を培っていくのである。そのため保育者は，それぞれが集団の中で受け入れられている安心感をもちながら友達と関わり合い，さまざまな経験の広がりや深まりをもつことができるように，集団における活動が個の成長を促すことを踏まえて保育することが重要となる。特に，子どもの関係や役割，立場を調整したり，それぞれの子どものよいところを他の子どもたちに伝えていくようにしたりするなど，集団としての活動が一人ひとりの子どもにとって充実感の得られるものとなるよう配慮することが求められる（保育所保育指針，2018）。

（1）インクルーシブ保育

　「障害児教育」から「特別支援教育」へ移行する考えが打ち出されて以降，「障害児」ではなく，「特別な支援を必要とする子ども」と称するようになり，障害をもっていても健常な子どもと分離して教育するのではなく，共に学ぶ教育の在り方に変換した。日本では，1974年の「障害児保育事業実施要綱」においても，障害をもつ子どもともたない子どもが生活や遊びを共にする統合保育

が制度化され，障害児保育が進められてきた。その利点としては，①障害をもつ子どもの生活経験の拡大，②心理的にも安定感・満足感が得られやすい，③健常児にとって障害をもつ子どもに対する理解や意識が助長される，④相互に関わり望ましい人間関係が育成される，といった点があげられる。しかし統合保育の場合は，障害児と健常児が同じ時間と空間を共有するだけで，障害児が健常児の活動に無理に合わせたり，障害児が「お客さん」のように扱われたりして，障がいの有無に関係なく子どもが均等に生活するような望ましい関係が育たないといった批判も少なくなかった。そこでこのような問題を解決するために，1980年代ごろからインクルーシブ保育（全包括保育）が実践されるようになった。

　インクルーシブ保育は，障害児がいない状況でも全ての子どものニーズに合わせて必要な支援ができるように，常に多様な形態で保育を行っていくという考えである。つまり障がいの有無に関係なく，一人ひとりの子どもの個性や特性を考慮しながら，子どもや保育者が共同主体となって協力・協調する保育の方法であり，障害児だけでなく，困難を感じているすべての子どもに対して行われることになった。

　「子どもを育てるため」や「子どもたちの関係性をつなぐため」といったことは，合理的な手段によって効率よく達成できるものではない。子どもと大人の関係は，どうしても向かいあう関係になりがちだが，「教える―教えられる」といった関係はまさに向きあう関係でもある。配慮の必要な子どもの場合，向きあう関係が苦しい子どももいる。そのため，大人の価値観や決まりごと，感覚を押しつけるように教えようとするのではなく「子どもの横に並ぶ」スタンスで，子どもや保育者が共同主体となって協力・協調する姿勢が大切になってくる。また，周りの子どもも保育者がその子どもと接する姿をよく見ており，そしてその姿を真似て関わろうとするのである。そのため，保育者の関わりが適切な姿であれば，子ども同士も良好な関係を築くことにつながる（久保山ら，2015）。

　松井（2018）は，子どもが様々なことを学ぶ過程について，大人からきちんと教わらなくても，子どもが置かれた環境や状況との相互作用によって，じわ

じわとしみこませていくように学んでいく。それが子どもたちの学びの本質であり，特別な配慮を必要とする子どもであっても，その原則は変わらないという。また，この学びが成立する条件を，①大好きな保育者や友達との仲間意識をもち，子ども自身に共同体（クラスや施設）の一員であるという実感していること。②特別な配慮を必要とする子どもも含むクラスの子どもたちが所属感をもち，生活や遊びを心から楽しいと思える環境で「その場にいて楽しい」と生活や遊びに喜びをもっていることだという。この2点の条件が整うと，自然と子どもたちの行動がふれあい，気持ちが通じて考えが伝わるようになる。そして，保育者が教えなくても，子どもたち同士が学び合いながら世界を広げていくという。まさに，一人ひとりの「個」の最適な学びがつながり「集団」が育ちあうインクルーシブな学びの環境なのではないだろうか。

（2）多様な子どもの個性の見方──「ちがい」を「つよみ」に

　「ちがい」があって発育発達していくとわかっているのに，なぜ人は「同じ」を求めてしまうのだろうか。「同じ」になろうとして頑張ろうとする。また，「同じ」ができないことをダメなこととして，努力と繰り返しの練習で克服しようとする。さらには，周りの大人も，良かれと思って向き合い，頑張ってできないことに傷つき続けることもある（星山，2021）。

　乳幼児期の6年間の過ごし方について考えたとき，「できないことをできるようにする」ことを繰り返し頑張らせ続ける生活ではなく，その子ができないところは多様な個性だと認め，その子の苦手を得意な他者（子どもや大人）が手伝って共に取り組む経験と，その仲間を増やすことのほうが，幸せな生涯を生きる力の基礎を培うことになるのではないだろうか。それぞれの「つよみ」で補い合える関係性を広げていくことをサポートする豊かさは，相互に生きる楽しさとなるだろう。「一緒にいたいと思う友達ができ，そうした友達に対して，共感し，思いやりのある行動をする傾向があるので，共によく遊ぶ仲の良い友達をもつことが思いやりをもつ上で重要である。また，肯定的な気分のときの方が他者に対して思いやりのある行動をしやすいので，保育者や友達に受け入れられ，自分が発揮されていることも必要」である。このように，誰かの

ために，自分の「つよみ」を活かし過ごすなかで，子どもは，道徳性や規範意識が芽生えたり，人権感覚を育んだりしていく。

　保育者を目指す学生が就職試験の面接練習をする際に，「どのような保育者になりたいですか？」と質問すると，「子どもの個性を大切に，一人ひとりと丁寧に寄り添い，共感的に受けとめながら子どもの育ちを支える保育者になりたい。」といった答えが多く返ってくる。また，保育者の研修会において「保育者の役割」に関して再考する際も，同じような返答をいただくことがある。両者とも，子どもの「個性」を尊重する姿勢が重要であると主張する。その一方，前述の２節２項で述べたように，「気になる子ども」との日々のかかわりにおいて，その子どもを「個性」のある姿としてありのままに受け止めることができず，「手がかかる」とか「目が届かない」というふうに捉えられ，保護者や保育者の抱く感情によって「個性を大切に」する枠から外れて特別扱いされることもある。その子らしい「個性」を大切にすることは，その子と他者の「ちがい」を承認し，そしてその子の「つよみ」を尊重することである。保育所保育指針解説（2018）においても，「保育に当たっては，一人ひとりの子どもの主体性を尊重し，子どもの自己肯定感が育まれるよう対応していくことが重要」とある。一人ひとりの「ちがい」である「個性」をありのままに受け止めたいという原点の気持ちに何度も立ち返り，子どもの自己肯定感を育むことができるように，その姿勢を意識し続けることが重要である。

第４節　子どもの健康および安全

（1）子どもの健康および安全

　地球温暖化にともなう気候変動や社会状況の様々な変化に伴い，家庭や地域における子どもの生活環境や生活経験も変化・多様化している。保育所等に在籍する子どもは，一日の大半を園で生活している。さらに，この時期は，心身の状態や発達の面で，環境からの影響を特に受けやすい時期である。そのため，この時期の子どもの生命を守り，子どもが快適にそして健康で安全に過ごすことができるようにするとともに，子どもの生理的欲求が十分に満たされ，健康

増進が積極的に図られるようにすることは，保育の基本的な責任である。

　そのため，食育の促進や安全な保育環境整備，保育中の事故防止や食物アレルギーをはじめとするアレルギー疾患等への対応，災害への備え等の危機管理体制づくりやガイドラインを行政機関や地域の関係機関と連携しながら，家庭の協力のもとで子どもの発育・発達を支えるために進めていくことが求められている。

　健康および安全が守られ，発達過程に即した適切かつ豊かな環境があり，さらに保育者から一人の主体として尊重し愛情のこもった応答的な関わりがあることで，子どもの情緒的は安定する。登園時の受け入れから，降園するときの引渡しまで，全職員がその専門性を発揮して，そのときどきの状況に合わせて環境を整えながら子どもと丁寧に関わることが重要である。こうした保育者との受容的・応答的な関わりのもとで情緒的に安定すると，子どもは周りの環境に目を向け，自ら感じ，考え，表現し，積極的に様々な物事に，一人ひとりの多様な個性で関わりながら試行錯誤を重ねていく。その経験から，自分でできたときの達成感や満足感，心地よさを味わう経験を積み重ねる，自己を肯定する気持ちや，さらに意欲的に環境（人や物，自然事象）と関わろうとする態度も高まる。また，保育における環境を，清潔が保たれ衛生的な場であることはもちろんのこと，明るさ・温度・湿度・音などについても常に配慮されることで，子どもの健康な心と体を育むことができる。

　また，健康および安全に関しては，保育者からの養護的な配慮や援助を行うことで保つことばかりではない。日々の園生活での経験の積み重ねにより，心と体を十分に働かせ，見通しをもって自立的に行動し，自ら健康で安全な生活をつくり出す力を培っていくことも必要である。

（2）健康および安全な保育

　保育者は，全ての子どもの疾病予防や事故防止，アレルギー疾患等へ対応に努めながら，一人ひとりの多様な個性を大切に，環境を通して子どもの状態や心情に沿った保育を総合的に展開していく。その際，子どもの発達の過程や特性を踏まえ，一人ひとりの子どもの行動を予測し，起こりやすい事故を想定し

つつ，環境に留意して事故防止に努めることが求められる。子どもの成長に伴い行動範囲が広がるため，その活動を保障できるように，園全体で事故防止の対策に努めていく。

　疾病予防については，保護者との連絡をこまめに行いながら，嘱託医やかかりつけ医などと相談して進めていくことが必要である。そのため，保育者が子どもの疾病について理解を深めるとともに，感染予防を心がけ保護者に適切な情報を伝え，啓発していくことも大切である。

　食事に関しては，アレルギー疾患のある子どもだけでなく，障害のある子どもに対しても，咀嚼や嚥下の摂食機能や手指の運動機能等の状態に応じた介助の必要な場合には他の子どもと異なる食事を提供する場合がある。その際，医療機関等の専門職による指導や指示を受けて対応する。また，１歳頃の子どもの場合も同様に，咀嚼や嚥下が上手ではない。食べ物を，どのくらいの大きさや量を，どのくらいのスピードとタイミングで口に入れると食べやすいのかを十分に判断できず，食べ物を視覚的に捉えて「食べたい！」という気持ちが先行してしまい，口に食べ物を一杯頬張ってしまったり，噛まずに丸呑みしたりして，喉に詰まらせてしまうこともあるため，年齢に応じた配慮や援助が必要である（猪熊ら，2018）。

　保育所等では，数件の死亡事故が毎年起きている。子どもの尊い命が奪われ，子どもの保護者はもちろん，園や保護者にとってその後の人生を大きく左右することになる。子どもの傷害予防に取り組んでいる NPO 法人「Safe Kids Japan」の理事長で小児科医の山中龍宏先生は，保育において危険のある場面について「くう・ねる・みずあそび」として注意を呼びかけている。保育中の死亡事故の約７割が「ねる（睡眠中）」に起きているといわれている。二番目に多いのが「くう（食事中）」で，次いで，プールなどの「みずあそび（水遊び中）」に起きている（猪熊ら，2018）。

　睡眠中の中では，乳幼児突然死症候群（Sudden Infant Death Syndrome ＝ SIDS）を発症し死亡する場合もある。保育所保育指針（2018）によれば，「SIDS は，うつぶせ，仰向けのどちらでも発症するが，寝かせる際にうつぶせに寝かせたときの方が SIDS の発生率が高いということが研究者の調査から分かっており，

子どもの顔が見える仰向けに寝かせることが重要である。また，睡眠時に子どもを一人にしないこと，寝かせ方に配慮を行うこと，安全な睡眠環境を整えることは，窒息事故を未然に防ぐことにつながるものである」とある。

　さらに近年は，職員間や家庭との連絡や確認ミスにより，子どもの命にかかわる事故が目立っている。すべての子どもの命を守ることができるように，安全管理表や二重チェックの対策を行うなど，危機管理体制を全職員で徹底し，安心・安全な環境の維持および向上を図ることが重要である。

　疾病予防や事故防止のために，思いがけない出来事に「ヒヤリ」としたり，事故寸前のミスに「ハッ」としたりなど，重大な事故に直結する一歩手前に至った事例について，再発防止に努めるために収集および要因の分析を行い，リスクマネジメントの観点から組織的に必要な対策を講じることも求められている。

（3）子どもの発育・発達を保障する健康および安全

　低年齢の子どもの場合は，特に不慮の事故に遭いやすいため，保育中の誤飲をはじめとする事故防止にも留意しなければならない。乳幼児の重大事故を防ぐためには，子どもの行動を予測し，安全で衛生的な環境と整え，危険な活動や物，場所を，一人ひとりの個性や発達過程に沿って厳選して保育を行っていく必要がある。しかし，安心・安全を配慮するあまり，過度に子どもの遊びを制約してしまうと，子ども自らの危機意識が働かないことから，回避行動を行う方法を身に着けることが難しくなってしまう。そのため，乳幼児期の子どもが遊びを通して自ら危険を回避する力を身に付けていくことの重要性にも留意する必要がある。そのため，こうした保育所における事故防止のための一連の取組や配慮について保護者に十分周知を図り，理解を深めておくことが重要である（田中，2017）。

　また，子どもは「おなじ」物や場所を好み，互いに「おなじ」を共有しながら仲間関係を深めていく（砂上，2021）。ときには，かみつき・ひっかき・物の取り合いなど，ほかの子どもとのかかわりの中でのケガも起こる。このような，あらゆる小さなケガや事故まですべて防ごうとすれば，子どもは体を自由に動

かす遊びや子ども同士のかかわりをすべてが禁止されることになり，子どもの身体的ならびに社会的な発達が阻害されるだろう。さらに，子ども同士のかかわりを禁じたことにより，子どもの情緒的な発達も阻害される。そのため，危険だと判断されることをすべて禁止するのではなく，一人ひとりの子どもの発達や特徴を見極めながら，安全確保と育ちの保障に最善の努力を行いながら保育をすることが必要で，さらに保育者と保護者で方針を共有することも重要である（猪熊ら，2018）。

第5節　子どもを「一人の人間」として多様性を尊重する

　子どもたちは，乳幼児期から多様な他者と出会い，関わり合いながら生活や遊びを共にしていく。そのため，保育者等は一人ひとりの子どもの「その子らしさ」を大切に，子どもが園生活の中で他者と関わる様々な活動によって，感じたことや考えたことを共有したり，それぞれの人の特性や多様性に気付いたり，その「ちがい」を子どもたちがありのままに受け入れたりできるように支えていくことが重要となる。そのため，乳幼児期の保育において本来大切にされるべきことは，それぞれの子どもや家族に自分とは違った生活の仕方や考え方，また国籍や宗教，文化，風習などがあることを感じる生活をとおして，よい関係や支え合うつながりを作り出していくことであると考える（小山ら，2020）。まさに保育現場での子どものこのように育ち行く生活の場は，共生社会に向けての出発点となる。

　子どもは大人と同じ人権を持つ存在である（佐伯ら，2013）。2023年4月，こども家庭庁が誕生し，こども基本法が施行された。こども基本法は，心身の発達の過程にあるすべての子どもの人権と権利を保障する日本で初めての法律で，それに則って「こどもまんなか社会」の実現に向けた取り組みが行われていく。そのための指針が検討されており，それには「誕生前から幼児期までは，こどもの生涯にわたる幸福（Well-being）の基礎を培い，人生の確かなスタートを切るための最も重要な時期であるとし，子どもと日常的な関わりの有無にかかわらず，すべての人で共有し，誕生前から切れ目なく，こどもの心身の育ちをひ

としく保障することによって，すべての人の利益につなげていく」ことが示されている。その目的・理念に則り作成されている指針には，個々の子どもが「一人の人間として」多様性を尊重する視点も盛り込まれている。つまり，障害を持つ子どもや多様な背景を持つ子どもも含めた，インクルーシブな視点も重視されている（大豆生田，2023）。

　そのため保育者等は，「子どもの発達や経験の個人差等にも留意し，国籍や文化の違いを認め合い，互いに尊重する心を育て，子どもの人権に配慮した保育となっているか，常に全職員で確認することが必要である。子どもに対する体罰や言葉の暴力が決してあってはならないことはもちろんのこと，日常の保育においても，子どもに身体的，精神的苦痛を与えることがないよう，子どもの人格を尊重するとともに，子どもが権利の主体であるという認識をもって保育に当たらなければならない」。また，「保育所において，「こうあるべき」といった固定的なイメージに基づいて子どもの性別などにより対応を変えるなどして，こうした意識を子どもに植え付けたりすることがないようにしなければならない。子どもの性差や個人差を踏まえて環境を整えるとともに，一人ひとりの子どもの行動を狭めたり，子どもが差別感を味わったりすることがないよう十分に配慮する。子どもが将来，性差や個人差などにより人を差別したり，偏見をもったりすることがないよう，人権に配慮した保育を心がけ，保育者等自らが自己の価値観や言動を省察していく」ことがさらに必要となる。

　そのため，日頃から社会に広く目を向け，自分とは違う考え方に触れ感じ考える機会を大切に過ごすことや多様な人や環境を自分なりに承認・尊重していくこと，このような意識の積み重ねにより子どもの周りの大人がインクルーシブな考え方の基礎を高めていくことが求められている。

引用・参考文献

文化審議会国語分科会（2021）「『障害』の表記に関する国語分科会の考え方」（令和3年3月12日），文化庁.

星山麻木（2021）『ちがうことは強いこと——その子らしさを大切にする子育て』河出書房新社.

星山麻木・藤原里美・伊東祐恵・近藤万里子・佐々木沙和子・三宅浩子（2019）『障

害児保育ワークブック　インクルーシブ保育・教育をめざして』萌文書林.

猪熊弘子・寺町東子（2018）『子どもがすくすく育つ幼稚園・保育所——教育・環境・安全の見方，付き合い方まで』内外出版社.

加藤則子・菅井敏行（2021）『子どもの健康と安全』北大路書房.

厚生労働省（2018）『保育所保育指針解説』フレーベル館.

小山望・勅使河原隆行・内城喜貴（2020）『これからの「共生社会」を考える　多様性を受容するインクルーシブな社会づくり』福村出版.

久保山茂樹・青山新吾（2015）『気になる子の視点から保育を見直す！』学事出版.

松井剛太（2018）『特別な配慮を必要とする子どもが輝くクラス運営——教える保育から学ぶ保育へ』中央法規出版.

七木田敦（2017）『キーワードで学ぶ障害児保育入門〔第2版〕』保育出版社.

日本保育協会（2015）「保育所における障害児やいわゆる『気になる子』等の受入れ実態，障害児保育等のその支援内容，居宅訪問型保育の利用実態に関する調査研究報告書」.

沼山博（2020）『子どもとかかわる人のための心理学——保育の心理学，子ども家庭支援の心理学，子ども理解への扉』萌文書林.

大豆生田啓友（2023）「『こどもまんなか社会』時代の保育・子育て支援を探る」『発達』175，10-17頁，ミネルヴァ書房.

佐伯胖・大豆生田啓友・渡辺英則・三谷大紀・髙嶋景子・汐見稔幸（2013）『子どもを「人間としてみる」ということ——子どもとともにある保育の原点』ミネルヴァ書房.

砂上史子（2021）『「おんなじ」が生み出す子どもの世界——幼児の同型的行動の機能』東洋館出版社.

高内正子（2022）『子どもの保健と安全〔第3版〕』教育情報出版.

田中浩二（2017）『写真で学ぶ！　保育現場のリスクマネジメント』中央法規出版.

第12章

保育の現状と課題

―保育は希望―

本章では，乳幼児期の教育・保育における現状をどのように観るのか，教育・保育とは何か，本質的な視点に立ち戻り，現代保育からみる課題点と展望点について考えてみたい。特に，人格形成の基盤期の子どもが育つとは，どのような経験がなされていくことなのだろうか。保育という営みを支える見方及び考え方に希望を見出し考えていただきたい。

現代の保育では，非認知能力，持続可能な開発のための教育（ESD），ICT 教育，多様性，インクルーシブというように，子どもの育ちや環境，保育内容や方法に関する言葉が先行し，新たな保育の導入・展開することに目が行き急ぐ方向になりがちである。また，被措置児童等虐待の問題も見られる。本章ではそれらの現状を踏まえた上で，根底的に変わらない人間観や保育観を，掘り下げて確かめることによって保育原理のまとめとする。

第1節　愛される中で得る知識――人間（子ども）は愛され，
愛することを知る―愛の真実性―霊性の育ち

近年，保育実践においては，子どもの認知能力，非認知能力の育ちが注目され意識されている。特に非認知能力とは，主に意欲，自信，忍耐，自立，自制，協調，共感などの心の部分である能力，つまり目には映りにくい明確に計ることができないものであり，保育者が，子どものどのような姿も，例えばぼーっと立っている姿であってもそれをも育っている，あるいは育とうとしている姿として，子どもの存在を捉えている・信じている視点によるものである。

こうした保育者の視点は，日々の保育における関わり，子どもと保育者，子どもと子ども，保育者と保育者，保育者たちと子どもたちというように（保護

者，地域の人々も含めて），人格と人格が触れ合う営みの中で保育者の認識を超えた経験による，また保育者から保育者へと実践を通して継承してきた，いずれも感覚的な性質であり，そのような特性が保育の超越性でもあると言えるだろう。

　本節では，このような乳幼児期の子どもが心の内側で感じているといった子どもの非認知的な力を支える性質を愛の真実性—霊性という言葉（視点）で示[*1]し，人間の教育・保育を考えていくこととする。

（1）乳幼児期の「授抱」——愛される存在

　まず，赤ちゃん期の新生児の特徴を見つめてみよう。人類の新生児は霊長類に共通する，親に抱かれる特長を持つと言われる。つまり，大人（親）は乳児を抱いて育て，乳児は親に抱かれて育てられ，というように双方が抱く（触る，なでるなどの手や腕を使った行為を含む）・抱かれる能力を授かっている。現在では，新生児期から使える育児用品を用いておんぶや抱っこをするなど，抱いて育て抱かれて育つということが様々な方法でなされている。

　赤ちゃんが親に抱かれるために生まれてくる科学的根拠は，原始反射（手指と足指の把握反射，モロー反射），開脚屈曲姿勢（骨盤と大腿筋をつなぐじん帯が強力で足を広げて曲げた姿勢で，4本の手足で養育者に抱きつく姿勢をとる，霊長類に共通する特長）（図12-1），背骨のCカーブ，すねの骨が内側に曲がっていること，である。この特長は，数百万年の進化の過程で獲得してきた霊長類に共通する母親に抱かれる性質であり（Hassenstein, 1987），ほ乳類として欠かせない授乳

＊1　本章では，子ども期に育まれる心象の性質を「霊性（スピリチュアリティ）」（愛の真実性）という表現で取り扱う。愛されている，愛するというような心の内側で受容する経験については，人間の教育は「神的なものが働いている」ことと捉えるフレーベルの人間教育論に類似している。本章では，このような子ども期に育つ心象の性質を「神の像」すなわち「愛の形」として捉える P. L. パーマーの教育観を参照し，用いることとしている（P. L. パーマー著／小見のぞみ・原真和訳『教育のスピリチュアリティ　知ること・愛すること』日本キリスト教団出版局，2008年）。

　　　また，子どもの「心」と「身体」の成長を，「霊性」が支えているという見方で本節は子どもの経験を検討している（南信子編『花の蕾のひらくとき』博文堂，2000年，401-402頁。楠本史郎『幼な子をキリストへ　霊性をはぐくむ保育教育の理念』北陸学院大学臨床発達心理学研究会出版グループ，2010年）。

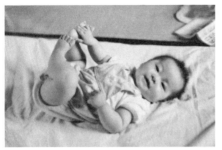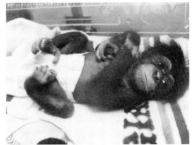

図 12- 1　開脚屈曲姿勢をとる赤ちゃん（左）と人工保育中のチンパンジー（右）
出所：日立市かみね公園（右）

に並び，霊長類として不可欠な抱き「授抱<ruby>授抱<rt>じゅほう</rt></ruby>」という言葉で適用されている（金子，1996）。赤ちゃん（新生児）期は，運動能力が未発達でひよわで動けず，自分から抱きついたりしがみついたりできないが，人間はこの世に生まれたときから，泣いて親を呼び，抱き上げると泣きやみ，抱かれやすい姿勢（愛される姿勢）をとることができる，能動的に振る舞い親に抱かせようと働きかける存在である。これは，ボウルビィ（Bowlby, J., 1907-1990）の愛着理論においても，「抱き」は必要不可欠な愛着行動であると言われている。文字の通り愛を着ける，包まれるというように，人間は生まれながらして愛を体に着る能力，つまり，抱かれ包まれて信じ合う頼り合う愛という性質を着けることができるのである。赤ちゃん期は，この授抱によって，非認知的な能力を支える性質である愛の真実性―霊性が育っていると考えられる。

（2）愛されていることを感得する存在――フレーベルの共同感情

　また，赤ちゃんは親の気持ちを一緒に感じようとする共同感情の性質を持っていると言われている。共同感情については，フレーベル（Fröbel, F. W. A.）が，乳児期において母と子の間に育まれる「神的なもの」であることと捉え，子どもがこの共同感情によってもたらされる信頼感に支えられながら葛藤の中で成長してゆく必要性を説いている（フレーベル，1964）。この共同感情は，「まずは母と子の間に成り立ち，次に父と兄弟姉妹の間に」さらに周囲の人々との関係に拡大され，最後には人類や神との一体感情へ発展して，人間を「神との

統一」「生命の合一」へと導くものであると言われる。つまり，赤ちゃん期は，授抱という愛される特長と，その上で相手と同じ感情を一緒に感じようとする共同感情によって愛されている事を感得する特性がある。また，親との関係を基盤にし，親以外の人々との共同感情によって信頼の関係の中で育つこと，つまり保育ができるということである。

　赤ちゃんは，このように授抱によって親の気持ちを一緒に感じながら，安心感がもたらされ，基本的信頼感の発達や愛着形成が進んでいく。その一方で，親から離されてあお向けに寝かされても安定して１人で過ごせる存在となる（竹下，2001）。大人から離れて赤ちゃんがあおむけに寝かせられると手の操作が可能になり，自由に手で自分の身体や玩具を触って遊ぶというように手指が器用になり，このように感覚運動発達が促される。また，親などとの対面コミュニケーションの遊びに発展し知的・社会的能力の発達につながっていく。このように，愛されているということを感得しながら，安心感の中で自分が主体となって育つ。

　赤ちゃん期及び幼児期児童期においては，本書第１章でも述べられているように，教育哲学者ボルノー（Bollnow, O. F.）によれば，子どもは安らぎを感じつつ住めるような「庇護感」（被包感）による親（大人）に対する絶対的信頼に支えられて生長していく。この「庇護感」（被包感）は，ここで言う共同感情によって醸し出される信頼する雰囲気であり，保育においては重要である。つまり，「庇護感」（被包感）の中で，非認知的な能力を支えている性質（愛の真実性―霊性）の育ちが促されるのであろう。

　なお，人間以外の霊長類は，赤ちゃんが母親にずっと抱きついている（体毛にしがみつくことができる）が，人間の赤ちゃんは，自分から抱きつけないため，親以外の多くの人たちに授抱され育てられる。つまり人間は，人類特有の共同育児を可能にする性質を持っており，共同育児や親以外の人による保育という生活ができるのである。こうした科学的根拠からも，人間が保育という営みを行うことが可能であると言える。ちなみに人間だけが手首，腕，体全体の柔らかみを持って，赤ちゃんを抱き上げることができるため，ハグ（抱擁）し合えるのも人間のみである。

（３）園生活の安心・安全・衛生──被包感の「お家」で自分になる

　現代保育における園生活では，子どもがいかに園で快活に過ごせるか，安全及び衛生について十分に行き届いた配慮がなされている。2020年世界中に猛威を振るったコロナウイルスの影響に限らず，乳幼児期の保育では，様々な感染症等に対して，子どもたちの心身ともに清潔に過ごす生活環境が整えられてきた。こうした配慮点は，今に始まったことではなく，150年以上前の時代つまり保育の草創期から大事にされてきた保育の基本的な目線であり留意点である。この点については近年の教育史から言及されている（熊田，2022）。

　つまり，保育という営みは，子どもの命そのものを預かり共に生活をする場であり，十分に清潔に安全に，また適切な援助や応答的な関わりがなされ愛され（大事にされ），護られているという絶対的な安心・信頼を感じる環境（人，物，空気の匂いや音や風など，雰囲気なども含む）によって，子どもの成長を促していくということである。子どもは，こうした安心，安全，衛生が整えられ包まれたような空間で安らぎの感情を育み，愛され愛する人との人格的な信頼関係を築いていく。つまり，保育を営む場においては，安心に包まれたような雰囲気─被包感の中で，子どもと保育者の人格が触れ合い，信じ合う頼り合う関係になっていくのである。

　このように子どもたちが心身共に自然に「くつろぐ」ことのできるような「居心地のよい」空間と時間つまり，被包感をたっぷり味わうことのできるような「子どもの家」において教育実践をしたのは，マリア・モンテッソーリ（Montessori, M., 1870-1952）である。モンテッソーリについては，先の章でも触れられているが，こうした被包感が保たれた「お家」のような空間で，子どもは自ら感じたり考えたり工夫したりを繰り返しながら自ら知る経験（自分も含み自分でしていることを大事に感じ取る経験），つまり，自分を大事に愛すること，自分になっていく経験がなされていく。そのため，安心や安全面，衛生面に捉われすぎて，「危ないからさせない」「けんかはよくない」などというようなことで，子どもが自ら知る経験が閉ざされないように考え，保育に努めていきたいものである。自らを知る経験の背後には，目には見えないが自分を愛する力を支える愛の真実性─霊性の育ちが伴っているのであろう。

（4）愛する実践——日々の生活の経験における霊性の育ち

このように，乳幼児期の子どもは愛を感じる中で安心して育ち，今度は自ら愛することを感得しながら，生活や遊びの中で愛することを表現し育っていく。愛され愛する存在は，人や物

図12-2　実際に女児が寝かしつけた人形

もすべて自分のことのように大事にする，つまり関わるすべてのことを愛して遊び成長する。

図12-2は，3歳の女児が，人形やぬいぐるみをきれいに並べて，毛布を掛けて寝かしつけたときの実際の様子である。母親や父親，また自分を大事に愛してくれる大人の表情や声色，息遣いやしぐさを真似しながら赤ちゃん人形をあやしたり，おんぶや抱っこ，つまり授抱を繰り返したりし，その後は静かにゆったりと落ち着いて「ねんねしようね」と言って，大事に大事に愛して寝かしつけた場面である。子どもにとって身近な存在から受けた愛（自ら感じ取った受容の経験）を，今度は，再現し真似ることで，愛の真実性—霊性を育んでいくのである。真似ることは「学ぶ」ことの語源とも言われるが，日々の生活の中には，子どもが学び育つための情報があふれていると言える。つまり，目の前の子どもが学ぶための情報がいかに真実性のあるものなのか，子どもがごっこ遊びをしている場面に限らず，どの場面においても子どもが感得し学んでいる姿であると捉えて，見守りたいものである。そうした子どもの発達を支える上で，人形やぬいぐるみ，エプロンやおんぶひも，毛布といった道具も保育の中では，貴重で立派な教材なのである。

このように，遊びを通して，子どもは愛すること，自分も相手（人，物，時間，空間）も大事に愛することを，全身の感性・感覚を通して知っていく。真似て学んでいる姿は，認知的な能力が育っていると共に，非認知的な力，愛の真実性—霊性が育まれ，身体と心の成長を促し支えていると考えられる。

第2節　感じ合う・信じ合う育ち（経験）

　現代社会において，インターネット環境の発展によりバーチャルな経験が瞬間的に素早くしかもリアルな画像を通して様々な情報を得ることができる利点があるが，直接経験が減り五感が育ちにくくなっている点も挙げられる。SNSなどを使った画面越しのつながりが唯一心を割って話せる場合もある一方で，画面の中の関係も匿名の世界だったり，結局は良い面ばかりを見せて「いいね」をもらうことで優越感を覚えているだけかもしれない。人や物とのつながりを直接感じられることが，人としての成長を促すのであるが，そうした経験が阻まれていることは課題であろう。

　また，自然との触れ合いが減っているのも大きな問題で，都市化の進んだ環境では，自然の大きさ，人間の力の小ささと自然の迫力は見失われがちである。子どもには「センス・オブ・ワンダー」，つまり不思議を感じ取る感性が生まれつき備わっている，とレイチェル・カーソンは述べており（カーソン，1996），こうした自然の力が失われ，マニュアル化，組織化されたような環境でレールの上にのって歩むような生活を強いられては，子どもの感受性や成長する意欲は育たないであろう。

　また，既に出来上がった（プログラム化された）レールの上を歩ませるような教育・保育がまかり通り，子どもが自ら考え行動するような機会が減っていることも，大きな課題でもある。子どもの成長を信じる中で，「生き生きした」場面を保育現場で創り出すことに，期待したい。^{＊2}

（1）信じ合う生活（一緒に感じる）——その子らしく成長すること，経験していることを学びと信じる生活の事例

　この写真は，園の池の中にカエルがいたのを発見したときの様子である。子

＊2　本節の話題では，日本に現存する最古のキリスト教主義幼稚園である英和幼稚園（現・北陸学院幼稚園：創設1886年・石川県）の副園長（北陸学院扇が丘幼稚園）である津田之子氏の話題提供（2023年7月28日・8月5日）による事例を取り扱う。本節の写真提供：北陸学院扇が丘幼稚園 HP より。

図12-3　カエルを見つけた子ども

図12-4　泳ぐカエル

どもたちは，自然界，社会事象，自分たちの身の回りにあることを「不思議を感じる感性」で，大事に愛することができる。

　幼児期の育ちにおいては，自分で感じることから生長が始まる。この写真の場合は，子どもが自分で，「あれ，何かいるみたいだ」（図12-3）と音を感じ，風（のような動き）を感じ，池を覗き込み，実際に自分の目で見て感じる，「池の中にアマガエルがいた」と，誰からも邪魔されずに，カエルを発見するという自分でできる経験の場面である。さらに，よく見ると，「一生懸命に泳いでいるよ」（図12-4）と，まるで自分のことのように喜んで，子どもが保育者や他児に伝える。「すごーい」などと言って，一緒に保育者も他児も喜んだ出来事である。

　これは，本物の生き物に触れる経験の中で，子どもの発見を保育者も他の子どもも一緒に見て学び，その喜びを一緒に感じる一場面である。保育者は，子どもたちの目線を一緒に感じたい，感動したいという思いで向き合っているのである。つまり，保育は「感動」であり，文字の通り，感じ動き出すことである。また，保育は「一緒」にであり，文字の通り一つのところ（空間）に，「私」と「あなた」が繋がっていることである。子どもの心が動き出す瞬間を一緒に心を動かし感じる保育の営みを支えているのは，「神様が与えてくださるその子の成長する力を信じている」という保育者たちのまなざしと姿勢である。

　現代保育において，被措置児童等虐待の問題で保育の質を指摘されているが，

保育とは，子どもの心の動く瞬間，動かない瞬間も含めて「待つ」ということ，また，大人から見て，たとえ意味にないように見えるような遊びであっても，その子その子の心と体の中にある成長しようとする力を信じること，つまり，どの子の育ちも大事であると愛することなのではなかろうか。保育という営みは，子どもにおいても大人においても愛の真実性―霊性によって生長が支えられているのであろう。

（２）リアルに吸収し感受性や意欲が育つ学び――本物に出会い，人々が頼り合う，冒険の場

　現代の保育では，ICT 活用を通して，子どものより興味・関心を広げるツールとしてタブレットで調べたり，写真や画像を見たりすることができ，子ども自らが探求する喜びを味わうことは可能である。また，離れていても思いや考えを機器を通じて共有したり，映像を通じて様々な出来事を目と耳で感じながら自ら楽しみ学べる利点はある。取り扱いに留意さえすれば，アプリを使って，毎日の保育記録や報告を瞬時に保育者間で確認ができ，保護者への通知を文章ではなく，画像や映像を通じて具体的に保育場面を通信でき保育（子育て）を共有できる。オンラインで保育者と保護者さらに地域（や海外）とも繋がって保育の営みが素早くしかも分かり易く伝え合うことが可能になっている。しかし，これらの作業では，目と耳と指先での操作で，子どもの全感覚の育ちが閉ざされてしまう。子どもの本来の育つ力である感受性，吸収力を支える五感を刺激し，意欲的に動き出す保育が失われないように，ICT 活用では，使用の目的を明確にするべきであろう。

　保育では，本物の経験によって子どもたちの本当の生長が支えられていくのである。リアルな学びを促す活動，それが実際の保育者たちで出来ない場合は，色々な人々を頼って良いのである。

　本項の写真は，幼稚園の園庭にある「木のお家」をリフォームすることになった出来事の様子である。日本のペスタロッチと言われる金森俊朗（1946－2020）先生とお父さんたち（保護者），園庭の管理人，園バスの運転手，そして実習生，子どもたち，先生たち，みなが乗れる丈夫な「木のお家」を新たに造

図12-5　元々この木の家を造った金森俊朗の指導により，みなでリフォーム開始

図12-6　リフォーム共同体によって，木のお家が完成

り直しているという，その当時の場面を紹介する。

　「どの竹がいいかな」「長いのはのこぎりで切ろう」「この竹は入れ替えよう」「子どもたちが乗っても，大人が乗っても大丈なように，丈夫に結ぼう」。みなで力を合わせ，子どもたちは「じっと見たり」「僕も手伝う」と言って，一緒に作業をしたり，金森先生やお父さんたちの動きや道具の使い方に興味津々になったり，というように，生き生きとした表情で作業に取り掛かっている。

　石川県内で38年間小学校教諭を務めていた教育実践家である金森俊朗は，自らの少年時代に親の農作業を手伝ったことから特殊なロープの結び方を身につけていた（金森・辻，2017）。金森は，この（木のお家リフォームの）出来事を，次のように振り返る。

　　木のお家リフォームと，木のブランコ（ターザンロープ）を作るよう依頼された，その時，副園長先生からは，『作っているのを子どもに見せたいので，子どもが居るときに来て作業をしてほしい』と言われた。私（金森）が道具を使って竹を切ったりロープでしばったりしていると，すぐに子どもたちは周りに集まって，興味津々。私（金森）に道具を渡して手伝おうともした。更に子どもたちは，余った材料を使って遊び始め，なんとある園児は（金森

図12-7 「男結びって知って
るかい」とロープの
色々な結び方や技を
教えてもらう

の）真似をして自らロープでシーソーを作って
しまったのだ。私（金森）はこうした子どもの
「学ぶ力」をとても大事にしたい。言われて何
かをするのではなく，自分から何かをしようと
動き出すこと。日々の生活経験から多くのこと
を学び，自分の力で動き出すこと。副園長先生
は，そうした子どもの中で動き出す思いを，大
人の姿を見て引き出したかったのだろう。

　副園長は金森に，「子どもの目の前で作業をしてほしい，なぜなら『本物の
道具に出会い』，子どもたちのお庭のお家が『出来上がっていく本当の事と出
会ってほしい』『先生たちや，色々な大人の人たちの持っている技を生かして』
『人と人とが繋がる場』になれば」，と考えたのであった。

　子どもは互いに共感しあったり，新しい発見をしたりして影響し合うことが
できる。子どもは常に感受性豊かで，外からの吸収力がある。また，外からの
刺激を受けつつ，内からの声もたくさん生まれて，命が輝いていく。幼児の生
活の場そのものが，子どもを豊かに育む力を支える冒険の場である。だから，
子どもたちの感性を刺激する環境の整備が大切である。

　このような冒険の遊び場的な取り組みでは，自然に子ども自らが自由に「自
治」を発揮し，「共同で」作業をしたり遊んだりすることができ，子どもと子
ども，また大人と，地域の人々とつながり合うことができ，地域社会の教育力
の再生の端緒になると言えるであろう。

　今回取り上げた園はキリスト教主義の幼稚園であり，副園長は，当時を次の
ように振り返る。

　「神様が色んな人に出会わせてくださり，色々な事に出会わせてもらった事
に，感謝しています。人として生きていく事に喜びを感じて保育を続けていま
す」と。

　現代保育において，本物に出会い，五感を使って吸収して学ぶ機会を，子ど
もたちの冒険の場を考えていく事に，保育の希望があると言えるだろう。

第3節　保育という営みの希望

（1）保育は色とりどりな創造（多様性）

　現代社会においては，様々な変化の中で，多様性の時代の保育と言われる。先の章でも触れられているが，保育においても多様な家庭（ひとり親家庭，貧困家庭，外国籍の子，医療的ケア児，特別な支援を要する子など），多様な文化，多様なジェンダーにより，子どもの生育背景や特性を大事にして理解することに努めている。そのため，多様な子どもに対して排除せず，すべてを包み込むような包括的（インクルーシブ的）な保育が求められている。

　ところが，このような視点を意識するあまり，家庭の事情や特性がある子だけを区別し多様な子どもとして目を向けた対応だけに留まっていないだろうか。どの家庭の子も，日々の生活を通じた色々な背景や特性を持っており，一人ひとりの色（思いや考えである価値観）がある。本節では，これらを含めた多様な関わりそのものが保育であるということを，確かめておきたい。

○多様性との出会い

　この世の中には，年齢，性別，国籍，職業，地域……というように自分と異なる様々な人が存在する。私たち人間は，知らない事に不安を感じたり恐怖を覚えたり，偏見をもったりするものである。しかし，乳幼児期から様々な人や物，出来事や事象……に触れ合うことで，子どもはそれぞれを「すてき」「大事」というような感覚で向き合い，それぞれを受け入れ知る（愛する・尊敬する）経験として重ねていくことができる。

　例えば，日々の遊びの自由遊びでは，「好きなもの」や「コーナー」を選んで遊ぶ。その子のそのときの興味や個性，つまり多様性が生かされて生活することができる。具体的には，「なりたいものになり切れるコーナー」や「自由に表現できる製作コーナー」，「思いのままに作ったり・描いたり」する時間・活動など，他の子と異なる自分を表現することができる。

　また，同じ遊びにおいても，例えば「色水遊び」だとすれば，2色の色水が混ざり合うのを楽しむ子がいれば，一方で白い紙に色水がにじむ様子に夢中に

なる子，色水をジュース屋さんごっこにして遊ぶ子……など様々であり，一人ひとりの良さを尊重・尊敬しながら保育することができる。

さらに，遊びや行事への参加の仕方も色々あって良い。鬼ごっこに率先して参加する子，様子を見ている子，行事のときに張り切る子やいつもの雰囲気と異なり戸惑う子……など保育者は，子どもの色々な場面での変化をも大事に受け止めることで，多様に保育が展開できるであろう。

つまり，保育においては，色々な「個性」「その子らしさ」「その子のすてきなところ」（賜物）が生かされることによって，子どもたちは，保育生活の中で，多様性と出会い，どの子も「すてき」「大事」と受け入れ合い，認め合い，成長していくことができるのである。この「すてき」「大事」と受容できる力を支えているのは，本章第1節で触れた性質，愛の真実性—霊性であると考えられる。

○多様な文化

また，多様な文化，思想，宗教等を背景とする人同士の関わりも増えている。身近な生活を超えた世界規模で起こる紛争や競争，問題を受ける事態が起こっている。これらを踏まえ，新しい時代を生きる子どもたちには，想像力を豊かに発揮し，多様性に対する寛容性を持ち，予測していなかった状況等そのときどきに対応する力が必要である。特に多様な価値観を有する他者と心を通わす対話，共に認め合う協働，主体的に自ら考え判断し行動する力が求められる。このような力は，幼児期から遊びと生活を通じた道徳性の育ちに結びついていく。

○多様なジェンダー

多様なジェンダーについても同様であろう。日本のジェンダーギャップ（男女格差）指数は146カ国中116位（2022年）で，ジェンダー意識は低く，「男の子は青色」「女の子は赤色」，「お父さんは強く」て「お母さんは優しい」というような歴史的な価値付けが継承されていると言える。しかし，日本国憲法においても差別は許されていないとされ，現行の「保育所保育指針」（第2章）においても，「子どもの性差や個人差にも留意しつつ，性別などによる固定的な意識を植え付けることがないようにすること」と示されているのである。つまり，

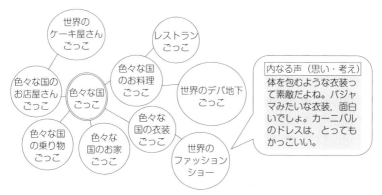

図 12 - 8　「色々な国ごっこをしよう」マインドマップ（遊びの展開予想図）
出所：筆者作成。

　自分が生きている社会には，様々な人がいること，その文化を知ること，保育生活でこうした経験がされていくことは大切であろう。

○多様性を知る遊び

　このように多様性を知る保育は，日々の遊び・活動の中で展開されている，もしくは，これからされていくと言えるだろう。例えば，園の周辺マップを作って，探検ごっこや解説ごっこ（お散歩も含む），日本や世界の行事（地域のお祭りなど）を知ること，海外の料理や言葉，行事を知る遊びなど，保育では，遊びを通した多文化・ジェンダー理解と共生が期待される。

　実際の保育における多文化尊重について，具体的な遊びの展開事例を紹介する。（筆者の実際の保育より）遊びの発展性を示したマインドマップで確かめてみよう（図12 - 8 ）。

　「ごっこ遊び」を計画し，実際になってみること，見立てたり，振り真似したり，成り切ったりする遊びを通じて，他国の楽しさ・面白さ・喜びを味わい多文化尊重の思いにつながっていく。上記の展開図で言えば，「色々な国ごっこ」が具体的な表現活動「色々な衣装ごっこ」となり，さらに「世界のファッションショー」へと，また「色々な国のお料理ごっこ」から「世界のデパ地下ごっこ」などへと発展する。ここでは，子どもが自ら，多様な文化を「面白い!!」「素敵!!」「なってみたい!!」というように心の内側の声（思いや考え）

が湧き出てくる。こうした内側の声は愛の真実性－霊性によって支えられているのであろう。

　例示したような様々なごっこ遊びの展開は，異文化を尊重するだけに留まらず，幼児の集団生活に属する様々な園児理解につながり，子ども同士の認め合い，尊敬し合う姿勢に結びついていくと考えられる。このように，保育の中で，一人ひとりの色（賜物）が生かされていく。保育は色とりどりな創造であり，多様性が通底している。つまり，保育そのものが，「持続可能な開発のための教育」ESD（Education for Sustainable Development）と言えるではなかろうか。^{＊3}

○小学校との接続

　さらに，小学校との接続についても，現行の学習指導要領において，「主体的・対話的で深い学びの実現を図り，一人一人の多様性に配慮した上で全ての子供に学びや生活の基盤を育むことを目指す」方向性とした「幼保小の架け橋プログラム」が打ち出されている。子どもの主体性を尊重した遊びを通した子どもの成長に小学校１年生の学びが継いでいくことが期待される。この架け橋プログラムでは，一方的に教師が教える教授法的なスタイルだけではなく，子どもの声を聞きながら進めていく方法や，子ども同士が協力して教え合ったりする方法など，また，単元学習では単に教科書を読んでこなす形式ではなく，子どもの興味・関心を活かした，仲間と協力して探究していくような学びが望まれている。実際には，保育の場のように環境を設定し，学校探検などの子どもの内側がワクワクして動き出すような学びの取り組みが始まりつつある。

　このように，乳幼児期の遊びを通した主体的・対話的で，協働的な保育，多様性な子どもの声が尊重され，その子らしさが保たれる保育，家庭・地域や自然環境との関わりが豊かにある保育が，持続可能な社会を支えている。先にも

＊3　保育において「持続可能な社会の創り手となることができるようにするための基礎を培うこと」が求められ，具体的に教育・保育課程に示し実践することが望まれている。「一人一人の幼児が，将来，よさや可能性を認識するとともに，あらゆる他者を価値のある存在として尊重し，多様な人々と協働しながら様々な社会的変化を乗り越え，豊かな人生を切り拓き」というように言われる（幼稚園教育要領より）。なお，持続可能な社会SDGs（Sustainable Development Goals）には17の目標があり，「経済」「社会」「環境」の３分野に分けられ，すべての人が豊かで満たされた生活の保障，多様な人の権利と健康の保障，自然などの地域環境の保障が目指されている。

触れたが，保育は色とりどりな創造（多様性）であるからこそ，現代社会を支える SDGs 的であると言える。

（2）保育の営みは「神的なこと」－「子どもに畏敬の念を持つ」

　日本では，2023年4月より，こども家庭庁が発足し，「こどもまんなか社会」がスローガンとされた。「こども基本法」には「子どもの権利条約」（子どもの「生きる権利」「育つ権利」「守られる権利（差別の禁止等）」「参加する権利（自分の意見を言う権利等）」「表現することの自由の権利」「虐待や暴力から守られる権利」「障がいのある子どもの権利が守られる」「遊びが保障される権利」）が反映され，子どもを一人の人格として尊重することが，ようやく位置付けられたのである。また，被措置児童等虐待の問題，虐待や不適切な保育が社会問題になっているが，その背景には，子どもは未熟で無能な存在だから大人がコントロールしなければよりよく育たないというような見方があったのかもしれない。ただ，この問題を批判し続けるのではなくして，子どもを1人の人格として尊敬する保育という営みに立ち戻り，子どもをどのように見るのか，保育に希望を見出していただきたい。

　先にも触れているが，世界における幼稚園教育つまり保育の先駆者である，フレーベルは「いざ，われわれの子どもたちに生きよう」というモットーをはじめ，子どもには「神的な諸特質」（フレーベル，1979）があり，子どもの存在を神的な本質に自らなる人格，個性として捉えている。特に「かれらがかれらの内面的ないきいきとした意識の糸をつうじてそれに統一，生命および意義を与え，かくてかれらがだんだん明瞭ないきいきとした自覚に達しうるために，われわれはかれらに，すくなくとも，かれらの内面的な精神的発達の外的事実を保存すべきではなかろうか」（フレーベル，1979）と，フレーベルは，子どものなかに無限に祝福を発見する探究的な検討的な子どもへの見方の重要性を主張したのである。つまり，「子どもに畏敬の念を持つ」という見方である。この「子どもに畏敬の念を持つ」見方は，教育・保育の先人である，ルソー（Rousseau, J.-J.），ペスタロッチ（Pestalozzi, J. H.），またシュタイナー（Steiner, R., 1861-1925），さらにボルノー，モンテッソーリらの主張に共有されている

教育・保育における大事な考え方である。つまり，どのような人種であり，家庭であり，特性である子どもにおいても尊敬の眼差しを持って愛することが保育の営みであり，「畏敬の念」が基盤なのである。

　このように，子どもは，大人に護られる中で，自ら育つ力を持って生長する。家庭で園で地域で，子どもの人権が「畏敬の念」で大切にされる社会になることを希望し，保育が高められていくことに期待していきたい。

引用・参考文献

レイチェル・カーソン（1996）『センス・オブ・ワンダー』新潮社.

フレーベル著，荒井武訳（1964）『人間の教育（上）』岩波書店.

Hassenstein, B. (1987) *Verhaltensbiologie des Kindes.*

畠山祥正（1984）「フレーベルにおける共同感情育成のキリスト教教育論」『乳幼児の教育』第25号，キュックリヒ記念財団.

広岡義之（2014）『教育の本質とは何か　先人に学ぶ「教えと学び」』ミネルヴァ書房.

広岡義之（2012）『ボルノー教育学入門——教育実践に役立つボルノー先生の教え』風間書房.

金森俊朗・辻直人（2017）『学び合う教室　金森学級と日本の世界教育遺産』KADOKAWA.

金子龍太郎（1996）『実践発達心理学』金子書房.

金子龍太郎（2014）『抱っこで育つ「三つ子の魂」——幸せな人生の始まりは，ほど良い育児から』明石書店.

楠本史郎（2010）『幼な子をキリストへ　霊性をはぐくむ保育教育の理念』北陸学院大学臨床発達心理学研究会出版グループ.

熊田凡子（2022）『日本における保育思想の継承——立花富，南信子，女性宣教師の史料を巡って』教文館.

南信子編（2000）『花の蕾のひらくとき』博文堂.

マリア・モンテッソーリ著，鼓常良訳（1998）『幼児の秘密』国土社.

永渕泰一郎（2023）『新・保育内容「環境」ラーニング・ストーリーで綴る学びの記録』教育情報出版.

大豆生田啓友・三谷大紀・佐伯絵美（2023）『子どもと社会』Gakken.

小見のぞみ（2023）『非暴力の教育——今こそ，キリスト教教育を！』日本キリスト教団出版局.

P. L. パーマー著，小見のぞみ・原真和訳（2008）『教育のスピリチュアリティ——知

　ること・愛すること』日本キリスト教団出版局.

ペスタロッチ著，長田新訳（1998）『隠者の夕暮れ　シュタンツ便り』岩波書店.

竹下秀子（2001）『赤ちゃんの手とまなざし——ことばを生みだす進化の道すじ』岩
　波書店.

辻直人・熊田凡子（2018）『道徳教育の理論と指導法——幼児期から中学校期まで』
　ヴェリタス書房.

索　引

《監修者紹介》

<ruby>広<rt>ひろ</rt></ruby> <ruby>岡<rt>おか</rt></ruby> <ruby>義<rt>よし</rt></ruby> <ruby>之<rt>ゆき</rt></ruby>　神戸親和大学教育学部教授

《執筆者紹介》所属，執筆分担，執筆順，＊は編者

＊<ruby>熊<rt>くま</rt></ruby> <ruby>田<rt>た</rt></ruby> <ruby>凡<rt>なみ</rt></ruby> <ruby>子<rt>こ</rt></ruby>　編著者紹介参照：はじめに，第12章

<ruby>広<rt>ひろ</rt></ruby> <ruby>岡<rt>おか</rt></ruby> <ruby>義<rt>よし</rt></ruby> <ruby>之<rt>ゆき</rt></ruby>　神戸親和大学教育学部教授：第1章

<ruby>髙<rt>たか</rt></ruby> <ruby>村<rt>むら</rt></ruby> <ruby>真<rt>ま</rt></ruby> <ruby>希<rt>き</rt></ruby>　北陸学院大学講師：第2章

<ruby>滝<rt>たき</rt></ruby> <ruby>口<rt>ぐち</rt></ruby> <ruby>圭<rt>けい</rt></ruby> <ruby>子<rt>こ</rt></ruby>　金沢大学学校教育系教授：第3章

<ruby>小<rt>お</rt></ruby> <ruby>澤<rt>ざわ</rt></ruby> <ruby>由<rt>ゆ</rt></ruby> <ruby>理<rt>り</rt></ruby>　共立女子大学児童学科助教：第4章

<ruby>斎<rt>さい</rt></ruby> <ruby>藤<rt>とう</rt></ruby> <ruby>修<rt>のぶ</rt></ruby> <ruby>啓<rt>ひろ</rt></ruby>　金城大学人間社会科学部教授：第5章

<ruby>鈴<rt>すず</rt></ruby> <ruby>木<rt>き</rt></ruby> <ruby>法<rt>のり</rt></ruby> <ruby>子<rt>こ</rt></ruby>　昭和女子大学人間社会学部初等教育学科准教授：第6章

<ruby>今<rt>いま</rt></ruby> <ruby>村<rt>むら</rt></ruby> <ruby>麻<rt>あさ</rt></ruby> <ruby>子<rt>こ</rt></ruby>　江戸川大学メディアコミュニケーション学部こどもコミュニケーション学科准教授：第7章

<ruby>開<rt>ひらき</rt></ruby> <ruby>仁<rt>ひと</rt></ruby> <ruby>志<rt>し</rt></ruby>　金沢星稜大学教授：第8章

<ruby>山<rt>やま</rt></ruby> <ruby>口<rt>ぐち</rt></ruby> <ruby>埋<rt>り</rt></ruby> <ruby>沙<rt>さ</rt></ruby>　和光大学現代人間学部専任講師：第9章

<ruby>松<rt>まつ</rt></ruby> <ruby>田<rt>だ</rt></ruby>こずえ　武蔵野大学教育学部講師：第10章

<ruby>岡<rt>おか</rt></ruby> <ruby>本<rt>もと</rt></ruby> <ruby>美<rt>み</rt></ruby> <ruby>幸<rt>ゆき</rt></ruby>　中国短期大学保育学科准教授：第11章

《編著者紹介》

熊田　凡子（くまた・なみこ）

　関東学院大学教育学部准教授。博士（学術）。主著に，『日本におけるキリスト教保育思想の継承——立花富，南信子，女性宣教師の史料を巡って』（教文館，2022年），『探究——こどもコミュニケーション』（共著，北樹出版，2022年）など。

新しい保育原理

2024 年 4 月 30 日　初版第 1 刷発行　　　　　　　〈検印省略〉

定価はカバーに
表示しています

編 著 者　　熊　田　凡　子
発 行 者　　杉　田　啓　三
印 刷 者　　坂　本　喜　杏

発行所　株式会社　ミネルヴァ書房
607-8494　京都市山科区日ノ岡堤谷町 1
電話代表　（075）581-5191
振替口座　01020-0-8076

©熊田凡子ほか，2024　　冨山房インターナショナル・新生製本

ISBN 978-4-623-09736-4

Printed in Japan

▌絵で読む教育学入門

―――――――広岡義之著／北村信明絵　Ａ５判　160頁　本体2200円

●イラストがひらく，教養としての教育学。「教える」とは何か，「学ぶ」とはどういうことか，教育の思想や歴史を軸に，教育原理のテキストとして基礎的な内容を概説。

▌はじめて学ぶ教育の制度と歴史

―――――――広岡義之・津田　徹著　Ａ５判　240頁　本体2400円

●教職志望者必携のテキスト。西洋と日本，古代から現代まで，教育の歴史と制度の変遷が一冊で学べる，教育の本質を学ぶための第一歩。

▌教職をめざす人のための教育用語・法規［改訂新版］

―――――――広岡義之編　四六判　384頁　本体2200円

●教員採用試験で触れられる範囲の教育学の用語を中心に，約1,100項目を掲載した用語集。

▌集団っていいな――一人ひとりのみんなが育ち合う社会を創る

―――――――今井和子・島本一男編著　Ｂ５判　196頁　本体2200円

●子どもの参画，主体性，人間関係，社会性，人格形成をキーワードに，一人ひとりの居心地のよい集団創りについて，様々な事例を紹介しながら解説する。現場の保育者や保護者のみなさまに届けたい一冊。

―――――――― ミネルヴァ書房 ――――――――

https://www.minervashobo.co.jp/